KNOBLAUCH
DIE BESTEN
REZEPTE

KNOBLAUCH
DIE BESTEN REZEPTE

Nebel
KOCHKUNST

In gleicher Ausstattung sind bisher erschienen:

Advents- und Weihnachtsbäckerei • Asien – Die besten Rezepte • Aufläufe – Die besten Rezepte • Aufläufe und Gratins – Die besten Rezepte • Backen – Die besten Rezepte • Cocktails – Die besten Rezepte • Desserts – Die besten Rezepte • Die besten Internationalen Rezepte • Eintöpfe – Die besten Rezepte • Fisch – Die besten Rezepte • Geflügel – Die besten Rezepte • Gemüse – Die besten Rezepte • Gesunde Küche – Die besten Rezepte • Die besten Hackfleisch-Rezepte • Kalte Gerichte – Die besten Rezepte • Kartoffeln – Die besten Rezepte • Käse – Die besten Rezepte • Knoblauch – Die besten Rezepte • Nudeln – Die besten Rezepte • Die besten Party-Rezepte • Salate – Die besten Rezepte • Suppen & Eintöpfe – Die besten Rezepte • Trennkost – Die besten Rezepte • Vegetarisch – Die besten Rezepte • Die besten Vollwert-Rezepte • Vollwertbacken – Die besten Rezepte

Die Rezepte in diesem Buch wurden mit aller Sorgfalt zusammengestellt. Eine Garantie kann jedoch nicht übernommen werden. Der Verlag schließt eine Haftung für etwaige Personen-, Sach- und Vermögensschäden aus.

Genehmigte Sonderausgabe für Nebel Verlag GmbH, Erlangen/Utting

Konzeption: Sabine Raab, Aliya Bohnsack
Einführung: Elga Sondermann
Reproarbeiten: Hetzner GmbH, Nürnberg

Titelbild: GCI Ringpress, Hochland

1 2 3 4 5 6 7 8 9 03 02 01 00 99 98 97

Inhalt

Vorwort

In den letzten Jahrzehnten hat sich die Verwendung von Knoblauch in der Küche auch in unseren Breiten immer mehr durchgesetzt. Angeregt durch Urlaubsreisen in südliche Länder, entdeckte man die bei uns verpönte „Zwiebel“ als eine aromatische, dazu noch vielseitige und gesunde Zutat.
Typische Gerichte mit Knoblauch, wie z. B. Tzatziki, Moussaka, Ratatouille und Pesto haben einen festen Platz in unseren Speiseplänen gefunden. Mit Knoblauch kann man aber auch nahezu jedem Gericht eine pikante oder deftige Note verleihen.
Dieses Buch bietet in sieben umfangreichen Kapiteln neben den klassischen Knoblauchrezepten eine Vielfalt von einfachen bis ungewöhnlichen Abwandlungen gängiger Gerichte. Damit können Knoblauchfans – und solche die es werden wollen – mühelos ein komplettes Menü zusammenstellen, bei dem Knoblauch eine Hauptrolle spielt: Etwa beginnend mit einer schlichten, aber sehr pikanten Knoblauchsuppe, anschließend einem aromatischen und erfrischenden Salat als Vorspeise, bevor man beispielsweise zu einem deftigen Schweinebraten mit Knoblauch verfeinert übergeht.
Meeresfrüchte und -fische ohne Knoblauch sind eigentlich nur eine halbe Sache. Ob als raffinierte Vorspeise oder als eigener Menügang, hier finden Sie eine große Auswahl an leicht nachzukochenden Rezepten. Und es gibt kaum ein Gemüse, das nicht Knoblauch vertragen könnte, nicht nur traditionell Auberginen und Tomaten, wie wäre es mal mit Bohnen, Kartoffeln, Lauch oder Spinat?

Nun bleibt uns nur noch, Ihnen viel Vergnügen beim Kochen und einen guten Appetit zu wünschen.

Zu unserem Buch:
Alle Rezepte sind – wenn nicht anders angegeben – für 4 Personen berechnet.

Abkürzungen:
cl = Zentiliter
EL = Esslöffel
g = Gramm
Gew.-Kl. = Gewichtsklasse
i. d. Tr. = in der Trockenmasse
kg = Kilogramm
l = Liter
ml = $^{1}/_{1000}$ l (1 g)
Msp. = Messerspitze
1 Tasse = $^{1}/_{8}$ l (etwa eine normale Teetasse)
TK = Tiefkühl…
TL = Teelöffel

Einführung

*Eure Nahrungsmittel sollen Heilmittel
und eure Heilmittel sollen Nahrungsmittel sein.*
Hippokrates

Der Ursprung der Heil- und Würzpflanze Knoblauch

Will man die Geschichte des Knoblauchs zurückverfolgen, kommt man zu der Erkenntnis, dass er wohl seit Menschengedenken als Heil- und Würzpflanze gedient hat und zu den ältesten Kulturpflanzen der Welt gehört. Jedes Volk hat seine speziellen Rezepte und teilweise auch eigenen Überzeugungen. Dass er aber auch den Beinamen „Lebenselixier der Menschheit" bekommen hat, beweist, welche wohltuenden Qualitäten dem Knoblauch nachgesagt werden.

Die folgende Knoblauchkur entstand in Anlehnung auf eine 5000 Jahre alte Rezeptur, die in Keilschrift auf Tontafeln gefunden wurde:

Man nehme 350 g Knoblauch, schäle ihn und presse ihn, vermische ihn mit 200 g 96%igen Weingeist in einem Glas und lasse ihn verschlossen 10 Tage in einem kühlen Raum stehen. Nach Ablauf von 10 Tagen wird die Mischung gefiltert, der Knoblauch gut ausgedrückt.

2 Tage später kann die Knoblauch-Kur beginnen, von der man sich eine positive Wirkung auf den Stoffwechsel verspricht, ebenso wie eine Senkung des Infarktrisikos, eine erhöhte Elastizität der Blutgefäße und eine Verbesserung der Sehkraft.

Bei der Kur verfahre man wie folgt:

In jeweils ca. 50 ml Milch nehme man am 1. Tag zum Frühstück 1 Tropfen, zum Mittagessen 2 Tropfen und zum Abendessen 3 Tropfen. Am 2. Tag nimmt man entsprechend 4, 5 und 6 Tropfen und so weiter bis man am 5. Tag 13, 14 und 15 Tropfen einnimmt. Von da an geht das Ganze rückwärts: am 6. Tag nimmt man 15 Tropfen zum Frühstück, 14 zum Mittagessen und 13 zum Abendessen. Am 10. Tag ist man bei 3, 2 und 1 Tropfen angekommen.

Anschließend nimmt man 3 mal täglich 25 Tropfen, bis die Mischung aufgebraucht ist.

Nach 5 Jahren jeweils – so wurde empfohlen – wiederhole man die Kur.

Ein weiteres Dokument findet sich im alten Ägypten in einer der höchsten Pyramiden bei Gizeh, wo eine Knoblauchzehe eingemeißelt wurde. Der dazugehörige Text

lobt die Qualitäten des Knoblauchs, die während des Baus die Gesundheit und Schaffenskraft der Arbeiter gesichert und erhalten haben. Auch bei Herodot ist überliefert, dass die Fronarbeiter mit Knoblauch, Zwiebeln und Rettich bei bester Gesundheit gehalten wurden, auch Seuchen und Infektionen glaubte man dadurch vermeiden zu können.
In der Mythologie wird der Knoblauch als Quelle ewiger Jugend gepriesen, er bringe verlorene Kraft zurück und halte außerdem böse Geister und Vampire fern.
Der Talmud empfiehlt den täglichen Genuss von Knoblauch, denn er sättige den Körper, gäbe dem Gesicht Klarheit, stärke die Manneskraft und vertreibe Parasiten aus dem Darm. Auch bei den Griechen und den Römern galt der Knoblauch als Wunderdroge. Man glaubte sogar, dass er seine heilsame Wirkung schon ausübe, wenn man ihn nur an die Wand male. Den Olympioniken verabreichte man Knoblauch in größeren Mengen, bevor man sie in den Kampf schickte.

Die Pflanze Knoblauch

Knoblauch – lat. Allium sativum – gehört zu den Zwiebelgewächsen und ist somit ein Verwandter von Zwiebel und Lauch. Sie gehören zur Familie der Liliengewächse, Liliaceae genannt. Als ausdauernde, mehrjährige Staude gedeiht er fast in jedem Garten ohne viel Mühe, vorausgesetzt, dass er viel Sonne hat. Auch sollte der Boden nicht überdüngt und zu feucht sein.
Man pflanzt den Knoblauch etwa 3 cm tief im Reihenabstand von ca. 15 cm und im Pflanzabstand von ca. 10 cm. Je nach Klima pflanzt man die Zehen im Herbst bzw. im Frühjahr bei etwas rauerem Klima.
Die Knoblauchpflanze hat grasartige flache Blätter und einen spitz verlaufenden scheindoldigen Blütenstand mit rötlich-weißen Blüten auf einem Hohlstiel. Blütezeit ist im Hochsommer. Jedoch ist es nicht der oberirdische Teil der Pflanze Allium sativum, der uns interessiert, sondern der unterirdische: die zwiebelförmige Knolle, die aus einer Anzahl von eirunden spitz zulaufenden Zehen besteht. Die einzelnen Zehen werden durch eine weiß-rosa Haut umschlossen. Sobald sich die oberirdischen Teile des Knoblauchs am Ende des Sommers gelblich färben, ist Erntezeit für die Knollen. Anschließend werden sie an einem luftigen Ort zum Tocknen aufgehängt. Bei richtiger Lagerung hält sich der Knoblauch je nach Sorte bis zu einem Jahr. Konservieren lässt er sich besonders gut in Alkohol und in Öl.

Was macht den Knoblauch zur Heilpflanze?

Im Knoblauch sind eine Vielzahl von Enzymen, Fermenten, Hormonen, Vitaminen und Jod enthalten. Das wichtigste allerdings ist das Alliin, das bei Berührung mit Sauerstoff in Allicin verwandelt wird. Wenn man die Knoblauchzehen zerdrückt, wird Alliinase frei, die aus Alliin Allicin werden lässt.
Dem Allicin sagt man eine antibiotische, antimikrobielle, antioxidative und eine lipidsenkende Wirkung nach. Der Knoblauch wird deshalb seit Jahrhunderten zur Vorbeugung,

Rechts: Knoblauch lässt sich mit vielen anderen Gewürzen kombinieren.

zur Kräftigung und zur Leistungssteigerung eingesetzt. Außerdem soll er lebensverlängernd wirken, was zu der Legende führte, dass Menschen, die regelmäßig Knoblauch essen, alt werden wie Methusalem. Inzwischen existieren auch Studien, wonach man das Essverhalten von Menschen, die über 100 Jahre alt wurden, untersucht und dokumentiert hat. Zu einem sehr hohen Prozentsatz waren dies Menschen, die regelmäßig Knoblauch verzehrt haben. Außerdem hat die Weltgesundheitsorganisation festgestellt, dass in allen Ländern mit hohem Knoblauchverzehr (Mittelmeer und Balkan) die Verbreitung von Gefäßkrankheiten, in deren Folge Schlaganfall und Infarkt drohen, viel geringer ist als in den mitteleuropäischen Ländern. Man möge einwerfen, dass hier sicherlich auch andere Faktoren eine Rolle spielen, wie z. B. die Bevorzugung pflanzlicher Öle. Dennoch scheint es erwiesen, dass das Risiko von Herz-Kreislauf-Versagen in Folge verengter Gefäße bei Menschen, die von klein auf an Knoblauch gewöhnt waren, wesentlich geringer ist.
Der Knoblauch wirkt aber nicht nur auf die Gefäße kräftigend und reinigend, er senkt den Cholesterinspiegel und wirkt positiv auf den Darm und damit auf den Stoffwechsel. Schon Hippokrates erwähnt den Knoblauch als natürliches Abführmittel und verabreichte ihn seinen Patienten bei Darminfektionen. Dass der gesunde Darm eine Grundvoraussetzung für den gesunden Organismus ist, hat man schon früh erkannt. Der bekannte österreichische Arzt Dr. Franz Xaver Mayr verglich den Darm mit der Wurzel einer Pflanze. So wie die Wurzel sich aus der gesunden Erde ernähren kann, so ernährt sich der Mensch über den Darm aus der Nahrung. Nur bei gesunder und ausgeglichener Darmflora funktioniert das System. Und hier ist der Knoblauch mit seiner antibakteriellen und entgiftenden Wirkung äußerst segenspendend.
In seiner Wirkweise hat man den Knoblauch schon oft mit Penicillin verglichen und ihn sogar stattdessen eingesetzt. Die Effektivität des Knoblauchs ist zwar etwas schwächer als die des Penicillins, aber dafür auch ausschließlich positiv. Denn das Penicillin ist für seine nicht geringen Nebenwirkungen bekannt. Die Nebenwirkungen des Knoblauchs sind dagegen immer nur positiv, d. h. er wirkt immer gleichzeitig ausgleichend und kräftigend auf den gesamten Organismus.
Erwähnenswert ist auch die verhältnismäßig hohe Selenkonzentration im Knoblauch. Selen ist ein für den Menschen lebenswichtiges Spurenelement, über dessen Bedeutung man sich erst in den vergangenen 25 Jahren bewusst geworden ist. Unter anderem hat man bei Krebspatienten einen äußerst geringen Selengehalt im Blut festgestellt, was zu der Annahme führte, dass man mit konzentrierten Knoblauchgaben dem Krebs entgegenwirken könne. Bewiesen ist dies allerdings noch nicht.
Dem Selen sowie den zahlreichen anderen Schwefelverbindungen im Knoblauch ist auch seine antioxidative Wirkung zu verdanken. Er schützt so die Körperzellen vor den so genannten freien Radikalen, die unseren Körper ständig bedrohen und schwächen. Außerdem leistet das Selen für die Sehfähigkeit des Auges einen wichtigen Beitrag.

Knoblauch als Hausmittel

Zusammenfassend lässt sich sagen, dass der Knoblauch seit Jahrtausenden als bewährtes Hausmittel zur Kräftigung des Organismus, zur Vorbeugung, aber auch zur Bekämpfung von Krankheiten gilt. Die Frage der Dosierung stellt sich von Fall zu Fall neu. Als Richtlinie für eine tägliche Ration betrachtet man 1 bis 2 frische Zehen.
Im folgenden liefern wir einige Rezepte aus Großmutters Hausapotheke:

Allgemeines Stärkungsmittel

Man nehme 1 große frische Knoblauchknolle, schäle und hacke sie sehr fein. Mit ca. 1/2 l Wasser übergießen und 3 Minuten kochen lassen. So erhält man eine relativ starke Konzentration, die man je nach Bedarf mit 1 bis 2 Tassen Wasser verdünnen kann. Unverdünnt kann man die Mischung zum Gießwasser für Zimmerpflanzen geben, um diese vor allen möglichen Schädlingen zu schützen. Wenige Tropfen im Fell von Haustieren verrieben, vertreiben sicher deren Flöhe.
Dem Menschen hilft dieses Mittel in verdünnter Form zur Regulierung von Darm und Blase, bei Depressionen nimmt man kurzfristig stündlich eine halbe Tasse.
Gegen Grippe nimmt man die unverdünnte Mischung, dreimal täglich 1 Tasse, bis Husten und Schnupfen vergehen. Allein das Gurgeln mit diesem Stärkungsmittel bringt schon Erleichterung im Hals.

Knoblauch-Honig-Medizin

1 Knoblauchzehe sehr fein zerrieben, gemischt mit 2 TL flüssigem Honig ergibt ein

In vielen südeuropäischen Ländern werden diese zu Zöpfen geflochtenen Knoblauchknollen angeboten.

hervorragendes Mittel gegen Husten. Je nach Schwere des Hustens nimmt man stündlich 1 TL davon, wenn der Husten abklingt, nur noch dreimal täglich.

Knoblauch-Branntwein

Eine hervorragende Art, den Knoblauch in seiner heilbringenden Wirkung über längere Zeit zu konservieren, besteht darin, dass man ihn in Branntwein einlegt. Für 1 l Branntwein nimmt man 250 g geschälte und sehr fein gehackte Knoblauchzehen. In einem gut verschlossenen Gefäß lagert man die

Mischung 14 Tage bei ca. 30 °C, und schüttelt sie mehrmals täglich gut durch. Nach Ablauf von 14 Tagen wird alles durch ein Sieb gefiltert. Der Knoblauch-Branntwein ist mindestens 1 Jahr haltbar. 1 Stunde vor jeder Mahlzeit nehme man 10 bis 15 Tropfen davon. Die Wirkung ist blutreinigend und stärkend für den gesamten Organismus.

Knoblauch-Zitronen-Medizin
Diese Mischung gilt als unentbehrliches Entkalkungs- und Verjüngungsmittel. Hierfür benötigt man 30 frische Knoblauchzehen und 5 ungespritzte Zitronen.
Knoblauchzehen schälen und zusammen mit den ungeschälten Zitronen im Mixer zerkleinern, mit 1 l Wasser übergießen und langsam zum Kochen bringen. Nur kurz aufwallen lassen. Abkühlen lassen und durch ein Sieb drücken. Die Anwendung empfiehlt sich als Frühjahrskur. Man nehme über 3 Wochen jeweils zur Hauptmahlzeit 2 cl in einem Schnapsgläschen davon ein. Wer mag, kann noch 1 TL Honig zum Süßen hinzufügen. Nach 3 Wochen soll man eine Woche Pause einlegen und dann die Knoblauch-Zitronen-Kur noch einmal 3 Wochen wiederholen.

Die Kunst des Kochens mit Knoblauch

Bis auf wenige Ausnahmen wird der Knoblauch als Würze immer fein gehackt oder durch eine Presse gedrückt. Zuvor muss man allerdings die feine Haut entfernen, die die einzelnen Zehen umhüllt. Es empfiehlt sich, sämtliche braunen Stellen wegzuschneiden und auch das die „grüne Seele" genannte Innere, das sich allerdings erst bei älterem Knoblauch zeigt. Beides könnte den Geschmack des Gerichts empfindlich stören.
Eine Knoblauchpresse zählt zur Grundausstattung einer Küche. Man erhält sie in jedem Kaufhaus oder im Haushaltswarengeschäft. Puristen zerdrücken den Knoblauch mit etwas Salz im Mörser, wie es unsere Vorfahren noch getan haben.
Grundsätzlich verwende man in der Küche immer möglichst frischen Knoblauch, da er am intensivsten schmeckt. Zu beachten ist weiterhin, dass man den Knoblauch nie allzu sehr erhitzen sollte, da man dadurch nicht nur viele seiner guten Inhaltsstoffe zerstört, sondern auch das Gericht einen unangenehmen bitteren Beigeschmack bekommen kann. Deshalb wird man in den meisten Rezepten darauf hingewiesen, dass man den Knoblauch möglichst erst gegen Ende der Garzeit hinzufügt. Sollte man ihn aber anbraten müssen, achte man darauf, dass er nur glasig bis golden wird, nie braun bis schwarz.
Ein Wort zur Dosierung: Die angegebene Menge Knoblauch in den Rezepten kann immer nur eine Richtlinie sein. Es ist jedem Koch und jeder Köchin überlassen, je nach Geschmack mehr oder weniger zu verwenden.

Knoblauch und seine (unangenehmen) Folgen

In manchen Gegenden nennt man den Knoblauch auch Stinkewurzel. Es ist hinreichend bekannt, dass man nach dem Genuss,

Rechts: Selbst hergestellte Kräuteröle oder -essige sind eine Delikatesse.

Vinaigre de Vin framboise 6%
Franz. Estragon Essig 0,5l
Franz. Walnuß Öl 0,5l

auch von kleinen Mengen Knoblauch, durch alle Poren „stinkt“. Dieser Duft ist, wie zum Hohn, gerade dem Stoff zu verdanken, der den Knoblauch so gesund macht, dem Allicin.
Da das Allicin aber nicht durch den Mund ausgeatmet wird, sondern über die Haut, sind auch die meisten Hinweise zur Bekämpfung des Geruchs eigentlich nicht ernst zu nehmen. Manche empfehlen einen starken Kaffee oder eine Tasse Milch, andere empfehlen frische Petersilie zu essen. Die Spanier kauen Gewürznelken, aber der beste Tipp kommt wohl von den Franzosen: mit viel Rotwein nachspülen! Aber alle diese Versuche werden das Allicin nicht daran hindern, über die Haut ausgeatmet zu werden.
Deshalb kann man nur raten, die Hauptknoblauchration auf das Wochenende zu verlegen, bzw. die echten Knoblauchverächter zu meiden, nicht ohne sie auch zu bedauern: denn sie wissen nicht, welcher Genuss ihnen entgeht!
Entgegen der allgemeinen Meinung, dass der Knoblauch in Drageeform keine Ausdünstungen hervorruft, wird auch in diesem Fall das Allicin durch die Haut ausgeatmet. Es gibt allerdings ein einziges Produkt, bei dem der Knoblauch in Gelatinekapseln geliefert wird, die gegen den Magensaft resistent sind, sodass sie sich erst im Dünndarm auflösen, an dem Ort, wo sie auch ihre Heilkraft entfalten. In diesem Falle sind die Ausdünstungen nicht mehr so intensiv.

Abb. S. 17
Knoblauchsuppe mit Grahamcroûtons
(Rezept S. 38)

Suppen – pikant und würzig

Italienische Paprika-Creme-Suppe

▷

3 rote Paprika
1 kleine Zwiebel
30 g Margarine
2 EL Paprika, edelsüß
1 EL Tomatenmark
30 g Haferkleie Flocken
1/8 l Traubensaft
1 l Instant-Gemüsebrühe
125 g saure Sahne
4 Knoblauchzehen
Pfeffer
Jodsalz
Basilikumblätter

Paprika waschen, entkernen und fein würfeln. Zwiebel klein hacken und in Margarine anschwitzen. Einige Paprikawürfel zur Seite legen, die übrigen in die Pfanne geben und kurz mitgaren. Paprikagewürz, Tomatenmark und Haferkleie Flocken hinzufügen und anrösten. Mit Traubensaft sowie Gemüsebrühe ablöschen und ca. 20 Minuten köcheln lassen. Suppe pürieren und cremig einkochen lassen. Von der Herdplatte ziehen und den Großteil der sauren Sahne unterziehen. Mit gepressten Knoblauchzehen, Pfeffer und Salz abschmecken.
Die Paprikacreme-Suppe mit einem „weißen“ Tupfer Sahne sowie Basilikumblättern und Paprikawürfeln garniert servieren.

Knoblauchsuppe (Aïgo boulido)

6 Knoblauchzehen, zerdrückt
1 Zweig Salbei (oder einige Blättchen getrockneter Salbei)
Salz
schwarzer Pfeffer
4 Scheiben Weißbrot
Olivenöl
4 Eigelb

Die zerdrückten Knoblauchzehen zusammen mit dem Salbei, Salz und Pfeffer in einem Liter Wasser eine Viertelstunde kochen.

In jeden Teller eine Scheibe Weißbrot legen, kräftig mit Olivenöl beträufeln und je ein frisches Eigelb darauf setzen. Die heiße Suppe durchsieben und über das Brot gießen.

Klassische Knoblauchsuppe

2 Nelken
1 Zweig Salbei
25 g Salz
Pfeffer
10–15 Knoblauchzehen

In einem Topf 1 l Wasser mit den Nelken, dem Salbei, Pfeffer und den geschälten Knoblauchzehen zum Kochen bringen und 25 Minuten köcheln lassen.

TIPP

Nach Belieben kann die Suppe auf mit Käse gratiniertem Weißbrot serviert werden.

Champignon-Cremesuppe Gourmet ▷

200 g Champignons
20 g Butter
4 zerdrückte Knoblauchzehen
1/2 l Gemüsebrühe oder Pilzfond
1 Becher Käsecreme Champignon
1 Eigelb
Salz, weißer Pfeffer
Thymian oder Zitronenthymian
evtl. etwas Blätterteig

Champignons putzen, waschen, blätterig schneiden, mit Butter und Knoblauch andünsten (einige Champignonscheiben beiseite stellen), mit 1/2 l Brühe oder Pilzfond aufgießen, 10 Minuten kochen und anschließend durch ein Sieb streichen. Die Käsecreme unterrühren, mit einem Eigelb legieren und mit Salz und Pfeffer würzen. Mit Champignonscheiben und Thymian garnieren. Mit Blätterteig-Pilzen servieren.

Überbackene Knoblauchsuppe

6 Knoblauchzehen
100 ml Olivenöl
4 Toastbrotscheiben
1 l Fleischbrühe (möglichst selbstgemacht)
Salz
schwarzer Pfeffer
2 Eier

Backofen auf 200 °C vorheizen. Die Knoblauchzehen in Scheiben schneiden und in heißem Olivenöl hellbraun rösten. Dann mit einem Schaumlöffel herausnehmen und wegwerfen. Das Weißbrot in Würfel schneiden und im gleichen Öl goldbraun rösten. Die heiße Fleischbrühe darüber gießen und evtl. mit Salz und Pfeffer abschmecken.
20 Minuten auf kleiner Flamme kochen lassen. In vier feuerfeste Suppenschalen füllen, die beiden Eier verquirlen, vorsichtig über die Suppe geben und im Backofen überbacken, bis sich eine Kruste gebildet hat.

TIPP

Den Knoblauch auf jeden Fall nur ganz hellbraun anbraten. Wird er zu dunkel geröstet, schmeckt er unangenehm bitter.

Zwiebelsuppe mit Rahm

▷

500 g Zwiebeln
50 g Butter
1/2 Glas trockener Weißwein
4 Knoblauchzehen
1 l Fleischbrühe
100 g geriebener Bergkäse (50 % F.i.Tr.)
weißer Pfeffer, Salz, Muskat
1 Becher Rahm (150 g, 30 %)
2 Scheiben Toastbrot
Schnittlauchröllchen

Die Zwiebeln abziehen, in feine Ringe schneiden. Die Butter in einem Topf erhitzen und die Zwiebeln darin 10 Minuten bei mittlerer Hitze dünsten, dabei gelegentlich durchrühren. Dann mit Wein ablöschen, die Knoblauchzehen hineindrücken und mit der Brühe auffüllen. Die Suppe zum Kochen bringen, dann Hitze reduzieren, den Bergkäse hinzugeben und unter Rühren schmelzen lassen. Suppe mit Peffer, Salz und Muskat abschmecken und etwas ziehen lassen. Den Rahm cremig rühren und unterziehen. Toastbrot rösten, würfeln und bei Tisch auf die Suppe geben. Die Zwiebelsuppe mit Schnittlauchröllchen bestreut servieren.

Gemüsesuppe mit Basilikumpaste (Soupe au Pistou)

300 g weiße Bohnen
300 g Möhren
300 g Kartoffeln
500 g Tomaten
3–4 Zucchini
150 g Lauch
300 g grüne Bohnen
1 Bouquet garni (einige Zweige Petersilie, Thymian und Salbei und 1 Lorbeerblatt zusammengebunden)
Salz
200 g Nudeln (kleines Format)
Pfeffer
5 Knoblauchzehen
2 Hand voll frische Basilikumblätter
150 g Parmesan am Stück
100 ml Olivenöl

Die weißen Bohnen 12 Stunden einweichen. Mit frischem Wasser aufsetzen und ungefähr 1 Stunde kochen lassen, bis sie anfangen weich zu werden.
Inzwischen Möhren, Kartoffeln und Tomaten würfeln, Zucchini in Scheiben, Lauch in Stifte und Bohnen in Stücke schneiden. Alle Gemüse zusammen mit den abgetropften weißen Bohnen und dem Bouquet garni in 2 1/2 l kochendes Wasser geben und salzen. Bei kleiner Hitze 2 Stunden köcheln. Die Nudeln dazugeben und weitere 10 Minuten kochen, mit Pfeffer abschmecken.
Für den Pistou geschälten Knoblauch zusammen mit dem Basilikum zu einer Paste zerstampfen. Die Hälfte des frisch geriebenen Parmesans darunterrühren. Olivenöl nach und nach dazugeben und gut unterrühren. Nach Geschmack Pistou in die Gemüsesuppe einrühren.
Parmesan getrennt reichen.

Dinkelsuppe mit Knoblauchcroûtons ▷

180 g Dinkel (Reformhaus)
1 Zweig Thymian
1 TL getrocknetes Basilikum
1 l Milch
2 Äpfel
1 Zwiebel
4 EL Butter
1/8 l Sahne
Meersalz
Pfeffer aus der Mühle
Muskat
2 EL Zitronensaft
2 Scheiben Vollkornbrot
3 Knoblauchzehen

Den Dinkel waschen, abtropfen lassen, zusammen mit Thymian und Basilikum über Nacht in der Milch im Kühlschrank einweichen.
Die Äpfel vierteln, Kerngehäuse entfernen und in kleine Stücke schneiden. Die Zwiebel schälen, halbieren und fein würfeln. 2 EL Butter auslassen, Zwiebel und Äpfel darin andünsten, mit dem Dinkel und der Milch aufgießen und bei schwacher Hitze etwa 1 Stunde gar dünsten. Thymianzweig herausnehmen.
Die Suppe im Mixer oder mit dem Pürierstab fein pürieren, bis sie ganz sämig ist. Dann mit der Sahne, Salz, Pfeffer, Muskat und dem Zitronensaft abschmecken.
Das Brot in Würfel schneiden. Die restliche Butter in einer Pfanne erhitzen, die fein gehackten Knoblauchzehen darin anbraten, dann die Brotwürfel zugeben und ebenfalls anbraten. Die Suppe auf 4 tiefe Teller verteilen und die Knoblauchcroûtons darüber streuen.

Katalanische Linsensuppe

400 g Linsen
4 Knoblauchzehen
50 g Sardellenfilets
600 g Tomaten
8 Scheiben Baguette
100 ml Olivenöl
Salz
frisch gemahlener Pfeffer
2 EL gehackte Petersilie

Linsen einige Stunden in Wasser einweichen. Abtropfen lassen. Mit frischem Wasser aufsetzen und 45 Minuten kochen. 3 Knoblauchzehen pellen, zerdrücken und in etwa 50 ml Olivenöl in einem schweren Topf andünsten. Sardellenfilets im Mörser zerstampfen und dazugeben. Tomaten in kochendes Wasser werfen, pellen, in Würfel schneiden und ebenfalls in den Topf geben. Gut mischen, einige Minuten dünsten, dann die Linsen mit ihrer Kochflüssigkeit dazugeben, mit Salz und Pfeffer würzen.
Brot von beiden Seiten im restlichen Olivenöl rösten. Mit einer Knoblauchzehe abreiben. Je eine Scheibe Brot in die Teller legen, Suppe darüber gießen und mit Petersilie bestreuen.

Curry-Kartoffelsuppe „Madras“ ▷

500 g mehlig kochende Kartoffeln
50 g Butter
Salz
1 EL fertige Curry-Mischung
850 ml Gemüsebrühe
1 Möhre
4–6 Knoblauchzehen
1 kleines Stück frischen Ingwer
30 g Mandelblättchen
30 g Rosinen
Frühlingszwiebeln
2 EL Schnittlauchröllchen

Kartoffeln schälen, waschen, würfeln und in 30 g zerlassener Butter in einem Topf anschwitzen. Würfel mit etwas Salz und Curry bestäuben. 650 ml Brühe angießen und bei milder Hitze im geschlossenen Topf etwa 15 Minuten garen. In der Zwischenzeit Möhre putzen, waschen, Knoblauchzehen abziehen, Ingwer schälen und alles fein würfeln. Mandelblättchen ohne Fett in einer beschichteten Pfanne rösten. Restliche Butter zerlassen, die gewürfelten Zutaten darin anbraten, Rosinen hinzufügen, restliche Brühe zugeben und dünsten, bis die Flüssigkeit verdampft ist. Frühlingszwiebeln putzen, in Röllchen schneiden und mit den Mandelblättchen zu dem Gemüse geben. Kartoffelsuppe pürieren, auf vorgewärmte Teller geben, mit dem Gemüse darauf anrichten und mit Schnittlauchröllchen bestreuen.

Fernöstliche Gurkensuppe

200 g Hähnchenbrustfleisch
100 g Shiitake-Pilze
1 große Salatgurke
6 Knoblauchzehen
1 EL Olivenöl
1 Zwiebel
3 Frühlingszwiebeln
3 Korianderwurzeln (Fachgeschäft)
800 ml Hühnerbrühe
1 EL Sojasoße
2 EL Fischsoße (Fachgeschäft)
100 g tiefgefrorene Garnelen
frisch gemahlener Pfeffer

Das Hähnchenfleisch in feine Streifen schneiden. Die Pilze putzen und in nicht zu große Stücke schneiden. Die Gurke schälen, der Länge nach halbieren, entkernen und das Gurkenfleisch in kleine Würfel schneiden. Die Knoblauchzehen abziehen, fein hacken und in heißem Öl andünsten. Zwiebel schälen und fein würfeln. Die Frühlingszwiebeln waschen, putzen, in etwa 5 cm lange feine Streifen schneiden. Die Korianderwurzeln waschen und putzen. Die Hühnerbrühe zum Kochen bringen. Korianderwurzeln, Sojasoße, Fischsoße, Pilze, Gurken- und Zwiebelwürfel dazugeben und 2 Minuten köcheln lassen. Das Hähnchenfleisch und den gedünsteten Knoblauch samt Öl zugeben und kurz aufkochen lassen. Die Garnelen und die Frühlingszwiebeln zugeben, den Topf vom Herd nehmen und die Suppe zugedeckt 2 Minuten ziehen lassen. Die Korianderwurzeln entfernen und die Suppe mit frisch gemahlenem Pfeffer abschmecken.

Brokkoli-Käsecreme-Suppe

▷

300 g Brokkoli
1/2 l Gemüsebrühe oder Gemüsefond
1 Becher Käsecreme Relish (200 g)
2 EL Kartoffelpüree (Fertigprodukt)
1 Eigelb
Salz, Pfeffer, Muskat, gemahlener Kümmel
2 Scheiben Toastbrot
10 g Knoblauchbutter
3 Knoblauchzehen
1 Tomate

Brokkoli in der Gemüsebrühe garen, 2 Brokkoliröschen beiseite legen, das restliche Gemüse fein pürieren. Käsecreme zugeben, in der Suppe auflösen. 2 Esslöffel Kartoffelpüree einrühren und die Suppe kurz aufkochen lassen. Vom Herd nehmen, mit einem Eigelb legieren, kräftig abschmecken. Toastbrot würfeln. Die Würfel in heißer Knoblauchbutter mit den gepressten Knoblauchzehen vermischt anrösten. Die Tomate in kleine Würfel schneiden. Suppe mit den Croûtons und einigen Tomatenwürfeln bestreuen und mit den Brokkoliröschen garniert servieren.

Grüne Fischsuppe

500 g Fischabfälle (Gräten und Köpfe)
1 Salatgurke
1 Zwiebel
4 Nelken
1 Pfefferschote
4 Knoblauchzehen
1 Bund glatte Petersilie
2 Lorbeerblätter
4 Kabeljaukoteletts
100 ml Crème fraîche
2 Zitronen, ausgepresst
Salz
8 schwarze Pfefferkörner

Die Fischabfälle in ein Mulltuch einwickeln und in einen großen Topf legen. Gurke schälen, entkernen und in Würfel schneiden. Die Zwiebel schälen und mit den Nelken spicken. Die Kerne aus der Pfefferschote entfernen, Petersilie hacken und Knoblauch schälen. Gurke, Zwiebel, Pfefferschote, Knoblauch, Petersilie und Lorbeerblätter in den Topf zu den Fischabfällen geben und mit einem Liter gesalzenem Wasser aufgießen, zum Kochen bringen und 1 Stunde bei geringer Hitze köcheln lassen. Kurz vor Ende der Garzeit die Pfefferkörner hineingeben. Das Mulltuch mit den Fischresten herausnehmen. Ebenso die gespickte Zwiebel. Die Gurkenwürfel mit einem Schaumlöffel herausnehmen und beiseite stellen. Die Suppe durchsieben. Wieder in den Topf zurückgeben, Gurkenwürfel und Kabeljaukoteletts hinzufügen und 15 Minuten sieden lassen. Den Fisch herausnehmen und in die vorgewärmten Teller legen. Den Zitronensaft und die Crème fraîche an die Suppe geben und sofort über den Fisch gießen. Mit etwas gehackter Petersilie bestreuen.

Gazpacho

▷

(für 1 Person)

2 Knoblauchzehen
1 Prise Meersalz
1 EL kaltgepresstes Olivenöl
2 Tomaten
1 kleine Zwiebel
1 kleine Zucchini
schwarzer Pfeffer
1 Zitrone, ausgepresst
glatte Petersilie

Knoblauch schälen und in kleine Würfel schneiden, etwas anquetschen. Mit Salz bestreuen und mit Olivenöl beträufeln.
Zwischenzeitlich Tomaten, Zwiebel und Zucchini in kleine Würfel schneiden.
Pfeffer und Zitronensaft zugeben und alles miteinander vermengen. Etwa 1 Stunde kalt stellen. Mit gehackter Petersilie servieren.
Dazu getoastetes Vollkornbrot mit Knoblauchbutter.

TIPP

Gazpacho isst man auch häufig mit einem Klecks saurer Sahne oder Sanoghurt (Reformhaus).

Fischsuppe mit Allioli

Für die Suppe:
1 Packung TK-Seelachsfilet (400 g)
1 TL Essig
500 g Kartoffeln
3 Möhren (300 g)
1 Fenchel (350 g)
1 Zwiebel
20 g Butter
600 ml Gemüsebrühe
Salz
Pfeffer
1/2 Bund Schnittlauch

Für die Allioli:
1 Eigelb
1 Tl Senf
1 Msp. Cayennepfeffer
1/8 l Öl
4 Knoblauchzehen
1 EL Zitronensaft
Salz
1 Prise Zucker

Fisch auftauen lassen und mit Essig beträufeln.
Kartoffeln und Möhren schälen. Kartoffeln in Stücke, Möhren in Würfel schneiden. Fenchel putzen (Fenchelgrün aufbewahren), vierteln und den Strunk entfernen, in Streifen schneiden. Zwiebel abziehen, würfeln und in heißem Fett glasig dünsten. Kartoffeln und vorbereitetes Gemüse zufügen und mitdünsten. Brühe dazugießen und mit Salz und Pfeffer abschmecken.
Etwa 10 Minuten garen.
Fisch in Stücke schneiden und zufügen. Zehn Minuten weitergaren.
Schnittlauch in Röllchen schneiden und zufügen.
Fenchelgrün hacken und auf die Suppe geben. Für die Allioli Eigelb, Senf und Cayennepfeffer verrühren.
Öl unter ständigem Rühren in feinem Strahl zugießen.
Mit zerdrücktem Knoblauch, Zitronensaft, Salz und Zucker würzen.
Die Allioli-Mayonnaise zur Suppe servieren.

Zuppa romagna

▷

1 Pckg. Mini Ravioli (250 g)
Salz
1 große Fenchelknolle
4 Knoblauchzehen
1 Gemüsezwiebel
2 EL Olivenöl
2 Flaschen Tomatensaft (1 l)
1 TL Zucker
Pfeffer
1 Pckg. italienische Kräuter

Mini Ravioli nach Packungsanleitung in Salzwasser garen. Fenchelknolle waschen, putzen und den harten Strunk entfernen. Knoblauchzehen und Gemüsezwiebel abziehen, Knoblauch fein hacken, Gemüsezwiebel und Fenchel in Streifen schneiden. Öl erhitzen und Knoblauch darin andünsten.

Das vorbereitete Gemüse zum Knoblauch geben und kurz anschwitzen. Mit Tomatensaft ablöschen und im geschlossenen Topf ca. zehn Minuten garen. Die fertigen, abgetropften Ravioli dazugeben und ca. fünf Minuten weiterkochen. Mit Zucker, Salz und Pfeffer abschmecken und mit Kräutern bestreut servieren.

Pikante Avocado-Suppe

2 Avocados
1 EL Zitronensaft
4 große Zwiebeln
6 Knoblauchzehen
25 g Butter
1 l Wasser
2 TL Instant-Brühe
Salz
Pfeffer
Thymian

Avocados aufschneiden, Kern entfernen und Fruchtfleisch herauslösen, mit Zitronensaft beträufeln. Zwiebeln und Knoblauchzehen hacken, in einer Kasserolle mit der Butter anbraten. Das Wasser und die Instantbrühe dazugeben. Eine Viertelstunde kochen lassen.
In der Zwischenzeit die Avocados pürieren. Die Kasserolle vom Herd nehmen, das Avocado-Püree hineingeben, mit Salz, Pfeffer und Thymian abschmecken.
Zum Schluss mit dem Eigelb legieren. Noch kurz auf dem Herd ziehen lassen, nicht mehr kochen!
Mit gerösteten Weißbrotscheiben servieren.

Mallorquinische Fischsuppe mit Käse-Knoblauchcreme

▷

400 g Seeteufelfilet
2 Rotbarben (à ca. 175 g)
1 Glas Fischfond (400 ml)
1 TL schwarze Pfefferkörner
2 Lorbeerblätter
5 Stiele Oregano
1 Töpfchen Minze
Salz
1 große Zwiebel
250 g Tomaten
1 EL Olivenöl
1 TL zerdrückte Fenchelsamen
1 Tütchen Safran
1 Bund glatte Petersilie
6 Knoblauchzehen
25 g Mandeln
1 Pck. magerer Buttermilch-Frischkäse
200 g Vollkornbaguette

Den vorbereiteten Fisch, Fischfond, Pfeffer, Lorbeerblätter, Oregano, 4 Zweige Minze, 1/2 l Wasser und 1/2 TL Salz in einem Topf erhitzen. 10 Minuten köcheln lassen. Zwiebel und Tomaten fein würfeln. Im Olivenöl andünsten. Fenchel und Safran dazugeben. Fisch aus der Suppe nehmen.
Die Tomatenmischung zufügen. Weitere 10 Minuten köcheln lassen. Petersilie, Knoblauch, Mandeln und Käse pürieren. Mit Salz abschmecken.
Rotbarbenfilets von den Gräten lösen. Fisch etwas klein zupfen und wieder in die Suppe geben.
Brot in Streifen schneiden und 4 Teller damit auslegen. Fischsuppe darauf geben. Minze darauf streuen. Käse-Knoblauchcreme dazu reichen.

Muschelsuppe mit Weißwein

1 Zwiebel
1 Stange Sellerie
5 Knoblauchzehen
3 EL Olivenöl
1 kg Tomaten
1 TL getrockneter Oregano
1/4 l trockener Weißwein
2,5 kg Miesmuscheln

Die geschälte Zwiebel und den Sellerie klein hacken, die geschälten Knoblauchzehen in Scheiben schneiden. Öl in einer Pfanne erhitzen und die Zwiebel darin glasig dünsten. Sellerie und Knoblauch hinzufügen und 3 Minuten weiterschmoren. Gehäutete und geviertelte Tomaten mit Oregano dazugeben und unter Rühren 5 Minuten aufkochen. Mit Weißwein ablöschen und alles einkochen lassen. 1/4 l Wasser hinzufügen und aufkochen, dann vom Feuer nehmen. Die Muscheln unter fließendem Wasser gut abbürsten, die Bärte entfernen, offene Muscheln aussortieren. Die Suppe erneut erhitzen und die Muscheln dazugeben. Etwa 10 Minuten kochen, dabei ab und zu umrühren, bis sich alle Muscheln geöffnet haben. Geschlossene Muscheln wegwerfen. Die Muscheln in der Brühe auftragen.

Gemüsetopf „Hazienda“

▷

(für 3 Personen)

300 g Kartoffeln
1 Gemüsezwiebel
2 EL Olivenöl
3 Knoblauchzehen
600 g Paprikaschoten (grün, rot, gelb)
1 Beutel Fertigmischung für Chili con Carne

Die Kartoffeln schälen und in Würfel schneiden. Die Gemüsezwiebel schälen und in Scheiben schneiden. Olivenöl in einem Topf heiß werden lassen und das Gemüse darin andünsten, zerdrückten Knoblauch zufügen. 1/8 l Wasser zugießen, zugedeckt 15 Minuten dünsten. Die Paprikaschoten waschen, halbieren, Kerne und Innenhäute entfernen. Paprikaschoten in große Würfel schneiden und dazugeben, mit 1/8 l Wasser auffüllen, Fertigmischung einrühren und 10 Minuten kochen lassen.

Grüne Bohnensuppe mit Lamm

750 g Lammschulter
6 EL Öl
je 250 g Zwiebeln, Kartoffeln, Möhren und Sellerie
2 Lorbeerblätter
1 TL getrockneter Thymian
Salz
weißer Pfeffer aus der Mühle
500 g Brechbohnen
400 g Lauch
1 Bund Petersilie
100 ml süße Sahne
1 EL Senf
1 Zitrone, unbehandelt
4 Knoblauchzehen

Lammfleisch vom Knochen lösen, würfeln. 2 EL Öl in einem Topf rauchend heiß werden lassen, Fleisch und Knochen darin goldbraun anbraten. Soviel Wasser zugießen, dass Fleisch und Knochen gut bedeckt sind. Offen einkochen lassen.
In einer Pfanne jeweils 1 Esslöffel Öl erhitzen und nacheinander die geviertelten Zwiebeln, in dünne Scheiben geschnittenen Kartoffeln und Möhren sowie den gestiftelten Sellerie darin anbraten, aus dem Fett nehmen, und in den Fleischtopf geben. Jeweils soviel Wasser nachgießen, bis alles wieder bedeckt ist und weiter offen kochen lassen. Lorbeer und Thymian zugeben, mit Salz und Pfeffer würzen. Den Eintopf bei milder Hitze zugedeckt weitere 50 Minuten garen. Inzwischen Bohnen putzen, waschen, in Stücke brechen und 20 Minuten vor dem Ende der Garzeit in den Topf geben. Lauch waschen, in Ringe schneiden und 10 Minuten vor Garende zugeben. Gehackte Petersilie einige Minuten in der Suppe ziehen lassen.
Zum Schluss die Sahne mit dem Senf verrühren und in die Suppe gießen. Die Suppe nicht mehr kochen lassen. Zitronenschale abreiben, Knoblauch in winzige Würfel schneiden, beides mischen und erst kurz vor dem Servieren in die Suppe geben.

Knoblauchsuppe mit Grahamcroûtons *(Abb. S. 17)*

(für 6 Personen)

1 Knoblauchknolle
1 mittelgroße Zwiebel
40 g Butter oder ungehärtete Pflanzenmargarine
1,2 l Gemüsebrühe (evtl. aus Extrakt, Reformhaus)
300 ml Sahne
4 EL Weißwein oder 2 EL Weißwein-Essig
Meersalz
schwarzer Pfeffer aus der Mühle
Hefestreuwürze (Reformhaus)
3 Eigelb
2 Scheiben Grahambrot
4 EL geriebener Käse
4 EL Rettichsprossen
einige Blätter Kopfsalat

Die ungeschälte Knoblauchknolle im vorgeheizten Backofen bei 200 °C ca. 30 Minuten garen oder 20 Minuten in kochendes Wasser geben. Die Zwiebel fein würfeln und in 20 g Fett andünsten. Die Gemüsebrühe zugeben, ca. 10 Minuten kochen lassen. Die Knoblauchzehen schälen, in die Suppe geben und mit dem Schneidestab des Handrührers pürieren. Die Sahne zugeben, aufkochen und mit Weißwein, Meersalz, Pfeffer,und Hefestreuwürze abschmecken. Die Eigelb mit etwas Flüssigkeit in einer Tasse verrühren, zu der kochenden Suppe geben und verrühren, nicht mehr kochen.
Zwischenzeitlich das Grahambrot in kleine Würfel schneiden und im restlichen Fett rösten.
Die Suppe anrichten. Mit dem geriebenen Käse bestreuen, mit Sprossen und Croûtons und in Streifen geschnittenen Kopfsalatblättern garnieren.

Abb. S. 39
Auberginenröllchen mit Hirsecreme
(Rezept S. 46)

Vorspeisen – fein und raffiniert

Zucchiniröllchen mit Mozzarella und Tomaten ▷

1 kg mittelgroße Zucchini
6 EL Olivenöl
Salz
Pfeffer
4–5 Knoblauchzehen
2 Pckg. Mozzarella (à 250 g)
1 Pckg. Tomatenpüree (ohne Gewürze, 500 g)
je 1 Bund glatte Petersilie und Basilikum
500 g reife Flaschentomaten

Die Zucchini längs in dünne Scheiben hobeln. In heißem Öl rasch auf beiden Seiten braten, dabei salzen und pfeffern. Erst zum Schluss den durchgepressten Knoblauch zufügen, damit er in der heißen Pfanne nicht verbrennt. Backofen auf 225 °C vorheizen. Mozzarella in Würfel schneiden. Jeweils einen Käsewürfel, 1 Teelöffel Tomatenpüree, ein Petersilien- und ein Basilikumblatt auf das Ende jeder Zucchinischeibe setzen. Das freie Ende darüberwickeln, sodass ein Röllchen entsteht. Die Röllchen nebeneinander in eine flache, feuerfeste Form schichten.
Die Flaschentomaten überbrühen, häuten und in Würfel schneiden. Restlichen Mozzarella mit den Tomatenwürfeln zwischen den Zucchiniröllchen verteilen. Salzen, pfeffern und großzügig mit Olivenöl beträufeln. Die Form für etwa 20 Minuten in den vorgeheizten Backofen (220 °C) geben.

Gebratene Auberginen mit Jogurtsoße

2 große Auberginen (400 g)
Salz
1 Becher Jogurt (10 %)
1 Becher saure Sahne (200 g)
4 EL Schlagsahne
6 Knoblauchzehen
einige Minzeblättchen
etwa 100 ml Öl zum Braten

Auberginen der Länge nach in Scheiben schneiden. Nebeneinander ausbreiten und mit Salz bestreuen. Etwa 20 Minuten stehen lassen. Inzwischen Jogurt, saure Sahne, Schlagsahne und zerdrückten Knoblauch verrühren. Mit Salz abschmecken und mit Minzeblättchen anrichten. Die Auberginenscheiben zwischen Küchenkrepp trocknen und nacheinander in der Pfanne ausbraten. Nach Geschmack lauwarm oder kalt mit der Jogurtsoße servieren.

TIPP

Diesen Knoblauchjogurt kann man auch sehr gut als erfrischende Zugabe zu einer Spaghettisoße reichen, die man mit Zimt und Nelken „orientalisiert".

Gefüllte Auberginenröllchen

▷

2 große Auberginen
Salz, Pfeffer
2 Bund Petersilie
2–4 Knoblauchzehen
3 EL Tomatenmark
2 Pck. Gouda, kalorienreduziert (à 150 g)
1 Pck. Salami, kalorienreduziert (100 g)
750 g Fleischtomaten
2 TL Kräuter der Provence

In einem großen Topf reichlich Salzwasser zum Kochen bringen. Inzwischen die Auberginen waschen, abtrocknen, von den Stängelansätzen befreien und längs in knapp 1/2 cm dicke Scheiben schneiden. Jeweils die beiden äußeren Scheiben in Würfel von etwa 1 cm Kantenlänge schneiden und auf dem Boden einer Auflaufform verteilen, salzen und pfeffern. Die Auberginenscheiben im kochenden Salzwasser 3 Minuten blanchieren, in ein Sieb abgießen, abschrecken und abtropfen lassen. Die Petersilie abbrausen, trockenschütteln, fein hacken und zwei Drittel davon in eine kleine Schüssel geben, den Rest beiseite stellen. Den Knoblauch schälen und zur Petersilie pressen. Das Tomatenmark darunter rühren. Die Auberginenscheiben nebeneinander auf einer Arbeitsfläche ausbreiten, salzen, pfeffern und mit der Petersilienmischung bestreichen. Den Käse längs halbieren und auf den Auberginen verteilen. Zum Schluss die Salami darauf geben, die Auberginen aufrollen und nebeneinander in die Auflaufform setzen. Die Tomaten überbrühen, häuten, entkernen und das Fruchtfleisch grob hacken. Über die Röllchen geben, salzen, pfeffern und mit den Kräutern der Provence bestreuen.
Die Form in den auf 200 °C vorgeheizten Backofen geben und die Röllchen ca. 30 Minuten garen. Vor dem Servieren mit der restlichen Petersilie bestreuen.

Radieschensoße

6 Knoblauchzehen
1 TL Salz
500 g griechischen Jogurt (10 %)
2 frische rote Chilischoten
1 Bund Radieschen
1 Bund glatte Petersilie
1 EL schwarze Oliven, entsteint
2 EL Olivenöl

Die Knoblauchzehen abziehen und mit Salz zerdrücken. Das Knoblauchpüree gut in den Jogurt einrühren. Die Chilischoten entkernen, fein hacken und zur Jogurtsoße geben. Radieschen waschen, dabei die welken Blätter entfernen. Radieschen, Petersilie umd Oliven fein hacken, in eine Salatschüssel geben und mit der Jogurtsoße vermischen. Zugedeckt im Kühlschrank 30 Minuten ziehen lassen. Vor dem Servieren das Olivenöl zugeben und noch einmal gut durchmischen. Gut zu Gegrilltem, lässt sich aber auch „pur“ mit Brot essen!

Überbackene Tomaten mit Mozzarella

4 reife Fleischtomaten
(700 g)
Olivenöl
Salz
schwarzer Pfeffer
3–4 Knoblauchzehen
frisches Basilikum
1 Pckg. Mozzarella (250 g)

Schöne reife Fleischtomaten halbieren und mit der Schnittseite nach oben in eine mit Öl ausgestrichene Form setzen. Salzen, pfeffern, mit gehacktem Knoblauch bestreuen und mit Öl beträufeln. Im heißen Ofen backen. Dann mit Basilikumblättern und Mozzarellascheiben belegen. Noch einmal mit Öl beträufeln und im Ofen überbacken. Sowie der Käse verläuft, herausnehmen.
Mit Basilikumblättern dekorieren und warm servieren.

TIPP

Wünschen Sie eine kalte Vorspeise, sollten Sie die Tomaten nach dem Backen erkalten lassen. Erst danach werden die Tomaten mit Mozzarella und Basilikum belegt. In diesem Falle nicht nur mit Öl, sondern zusätzlich mit einigen Tropfen Balsamico-Essig beträufeln.

Spinatbällchen mit Knoblauchöl und Parmesan

750 g frischer Blattspinat
Salz
Pfeffer
Muskat
3–4 Knoblauchzehen
6 EL Olivenöl
100 g Parmesankäse

Spinatblätter von den groben Stielen befreien, abspülen und tropfnass in einen Topf geben. Bei großer Hitze zwei Minuten dünsten. Mit Salz, Pfeffer und Muskat würzen und auf einem Sieb abtropfen lassen. Spinat in kleine, kalt ausgespülte Förmchen drücken und auf einen Teller stürzen. Knoblauch in Scheiben schneiden und in heißem Öl kurz andünsten und pfeffern. Spinat mit heißem Knoblauchöl begießen und mit frisch gehobeltem Parmesankäse bestreuen.
Dazu italienisches Weißbrot.

Eingelegter Mozzarella

▷

4 Knoblauchzehen
1 rote Pfefferschote
250 g frische kleine Champignons
1/2 l Weißwein
1/4 l Olivenöl
2 Pckg. Mozzarella (à 250 g)
15 schwarze Oliven

Die Knoblauchzehen schälen und in Stifte schneiden. Die Pfefferschote in Ringe schneiden, dabei die Kerne entfernen. Die Pilze putzen und an den Stielen etwas kürzen. Den Weißwein mit Olivenöl verrühren und in ein 2-l-Glas füllen.

Die beiden Mozzarella-Rollen sowie Champignons, Oliven, Pfefferschoten und Knoblauchstifte in die Marinade geben. Das Glas verschließen und an kühler Stelle aufbewahren.
Vor dem Servieren abtropfen lassen.

Auberginen-Röllchen mit Hirsecreme *(Abb. S. 39)*

(ergibt 14 Röllchen)

14 eingelegte Weinblätter aus dem Glas
1 große Aubergine (ca. 500 g)
Salz, Pfeffer
3 EL Olivenöl
Fett für das Blech
100 g Hirse (Reformhaus)
1 Zwiebel
3–4 Knoblauchzehen
1 EL Olivenöl
500 ml Gemüsebrühe
100 g Kräuterfrischkäse
100 g Kirschtomaten

Die Weinblätter in einer Schüssel mit Wasser gründlich waschen, da sie manchmal sehr salzig sind. Gut abtropfen lassen. Die Aubergine waschen, quer halbieren, dann längs in 1 cm dicke Scheiben schneiden, mit Salz bestreuen und 1 Stunde ziehen lassen. Die Auberginenscheiben abbrausen und mit Küchenpapier trockentupfen, dann pfeffern und mit Olivenöl einpinseln. Die Auberginen auf ein gefettetes Blech legen und unter den vorgeheizten Backofengrill schieben. Auf jeder Seite goldbraun braten. Die Hirse heiß abbrausen, abtropfen lassen. Die Zwiebel schälen und hacken, mit dem durchgepressten Knoblauch in heißem Olivenöl anbraten, dann die Hirse zugeben, kurz mitbraten, mit der Brühe ablöschen. Die Hirse in etwa 25 Minuten garen. Abkühlen und ausquellen lassen. Den Kräuterfrischkäse unter die Hirse ziehen. Mit Salz und Pfeffer abschmecken. Die Weinblätter mit Küchenpapier trockentupfen und nebeneinander legen. Je eine Auberginenscheibe darauf legen. Die Kirschtomaten waschen, Stielansätze entfernen und die Früchte halbieren. Etwas von der Hirsemasse auf die Auberginen geben und je 2 Hälften darauf setzen. Die Weinblätter zu Röllchen formen, auf einer Platte anrichten und – lauwarm oder kalt – servieren.

Muschelnudeln tricolore

▷

24 große Muschelnudeln
2 Zwiebeln
3 Knoblauchzehen
4 EL Olivenöl
400 g Spinat
Salz, Pfeffer
200 g italienischer Mozzarella
500 g Tomaten
1 EL italienische Kräuter

Muschelnudeln nach Packungsanweisung garen und abtropfen lassen. Zwiebeln und Knoblauchzehen abziehen und beides fein hacken. 1 EL Öl erhitzen und Zwiebeln und Knoblauch darin anschwitzen. Spinat putzen, waschen, tropfnass zugeben, ca. 5 Minuten dünsten und mit Salz und Pfeffer würzen. Spinat in die Muschelnudeln füllen. Mozzarella abtropfen lassen, in Scheiben schneiden und auf den Spinat legen. Tomaten kreuzweise einritzen, mit kochendem Wasser überbrühen und Haut abziehen, würfeln, restliches Öl erhitzen und Tomaten darin dünsten. Mit Salz, Pfeffer und Kräutern würzen. Tomatensoße in eine feuerfeste Schale geben, gefüllte Muschelnudeln darauf setzen und bei 200 °C ca. 20 Minuten überbacken. Tomatensoße auf vier Teller verteilen und darauf jeweils 6 gefüllte Muschelnudeln kreisförmig anrichten. Nach Wunsch mit frischem Rosmarin, Thymian und Basilikum garniert servieren.

Ziegenkäse-Dip mit Staudensellerie

250 g Ziegenkäse
3–4 Knoblauchzehen
Pfeffer aus der Mühle
2 EL Weißwein-Essig
2 EL Olivenöl
400 g Staudensellerie
10 g Pinienkerne

Den Ziegenkäse in kleine Würfel schneiden und in eine Schüssel geben. Die Knoblauchzehen schälen und mit der Presse über den Käse drücken. Reichlich groben schwarzen Pfeffer aus der Mühle darüber streuen. Weißwein-Essig und Olivenöl mit dem Schneebesen aufschlagen.
Den Staudensellerie putzen, waschen und längs in schmale Streifen schneiden. Den Käse-Dip mit Pinienkernen bestreuen. Zum Genießen die „Sellerieschiffchen“ in den Dip tunken und abbeißen!

TIPP

Statt Staudensellerie passt auch Fenchel samt Fenchelgrün gut zu Ziegenkäse.
Die Pinienkerne können durch Walnüsse oder Pecannüsse ersetzt werden.

Gorgonzola-Champignons

▷

8 große Champignons
150 g Blattspinat
1 Zwiebel
4 Knoblauchzehen
1 Fleischtomate
3 EL Olivenöl
Salz, Pfeffer
70 g italienischer Gorgonzola
2 EL italienischer Mascarpone
5 EL Weißwein

Champignons putzen, Stiele herausschneiden und Pilzköpfe aushöhlen. Spinat verlesen und waschen. Zwiebel und Knoblauchzehen abziehen und in kleine Würfel schneiden. Tomate waschen, achteln und entkernen. Champignonstiele würfeln. Einen Esslöffel Öl erhitzen und Pilzköpfe von beiden Seiten darin kurz anbraten, dann herausnehmen. Zwiebel, Knoblauch und Pilzwürfel in dem selben Öl andünsten, ein Drittel davon zur Seite stellen. Tomaten und Spinat unter den Rest heben, mit Salz und Pfeffer abschmecken und in die Pilzköpfe füllen. Gorgonzola zerbröckeln, pürieren und mit Mascarpone zu einer Creme verrühren, ebenfalls mit Salz und Pfeffer abschmecken und auf den Champignons verteilen. Zur Seite gestelltes Gemüse, restliches Öl und Wein in eine Auflaufform geben und die Champignons darauf setzen. Im vorgeheizten Ofen bei 180 °C etwa 15 Minuten gratinieren. Nach Wunsch mit Basilikum garniert servieren.

Gebackene Bohnen

500 g gekochte dicke Bohnen
1/2 Tasse Olivenöl
4–5 Knoblauchzehen
Salz
1 Zwiebel
6 Tomaten
2 EL Tomatenmark
1–2 EL Honig
1 Schuss Weißwein
4 EL Aceto balsamico
Pfeffer aus der Mühle
Cayennepfeffer

Die gekochten dicken Bohnen unter fließendem Wasser abwaschen, gut abtropfen lassen. Das Olivenöl in einer Pfanne erhitzen. Die geschälten und mit Salz zerdrückten Knoblauchzehen darin andünsten. Die Zwiebel schälen und fein hacken. Ins Knoblauchöl geben und kurz anbraten. Die dicken Bohnen dazugeben und ebenfalls kurz mitbraten. Die enthäuteten und in Würfel geschnittenen Tomaten mit dem Tomatenmark, dem Honig und dem Weißwein unter die Bohnen rühren. Das Ganze aufkochen lassen und mit Aceto balsamico ablöschen. Mit Salz, Pfeffer und Cayennepfeffer kräftig abschmecken.

Knoblauch mit getrockneten Tomaten ▷

(ergibt 4 Gläser à 250 ml)

2 kg kleine Tomaten
6 Knollen frischer Knoblauch (ca. 500 g)
1 TL schwarze Pfefferkörner
1 TL Koriandersamen
1 TL Kreuzkümmel
250 ml Weißwein
1–2 EL Essig-Essenz (25 %)
2 TL Meersalz
4 EL Honig
1 Bund frischer Koriander
500 ml Olivenöl

Tomaten waschen, trockenreiben und auf ein mit Backpapier ausgelegtes Backblech legen. Bei 120 °C ca. 10 Stunden (am besten über Nacht) im Ofen trocknen, dabei die Ofentür einen Spalt offen lassen. Die Tomaten sollen nur einen geringen Gehalt an Eigenflüssigkeit haben. Auskühlen lassen. Knoblauchknollen in einzelne Zehen teilen und diese pellen. Pfefferkörner, Koriander- und Kreuzkümmelsamen kurz in einer Pfanne ohne Fett rösten. Mit Weißwein, Essig-Essenz, Meersalz, Honig und 100 ml Wasser zu einem Sud aufkochen, den Knoblauch zugeben und zugedeckt etwa 3 Minuten im Sud kochen lassen. Knoblauch und Gewürze auf ein Sieb geben, abtropfen und abkühlen lassen. Gläser etwa 5 Minuten in kochend heißes Wasser legen, erst kurz vor dem Füllen herausnehmen. Frischen Koriander waschen und trockenschütteln. Mit den getrockneten Tomaten, dem Knoblauch und den Gewürzen in die sterilisierten Gläser füllen und mit dem Olivenöl aufgießen. Sofort verschließen. Mindestens eine Woche ziehen lassen.

TIPP

Mit geröstetem, italienischem Weißbrot (Ciabatta) zusammen mit weiteren eingelegten Gemüsen als Vorspeise servieren oder als pikante Beilage zu Lamm- oder Grillgerichten.

Knoblauch-Champignons

500 g kleine Champignons
6 Knoblauchzehen
150 ml Olivenöl
1 Zitrone, ausgepresst
Salz
Pfeffer
1 Bund Petersilie

Champignons putzen, kalt abspülen und in einem Küchentuch trockenreiben. Fein gehackten Knoblauch in heißem Öl glasig dünsten. Champignons mit Zitronensaft beträufeln und anschließend bei großer Hitze braun braten.
Mit Salz und Pfeffer abschmecken und mit gehackter Petersilie bestreuen.
Dazu passt besonders gut Baguette.

Scampi in Knoblauch-Rucola-Butter und Blattsalat ▷

125 g Halbfettbutter
6–8 Knoblauchzehen
1 Bund Rucola
Salz
schwarzer Pfeffer
1 Prise Cayennepfeffer
24 Scampi, frisch oder aufgetaut
2 TL Öl
100 g gemischter Salat (z.B. Radicchio, Frisée- und Römersalat)
1/2 Zitrone, ausgepresst
3 EL Mineralwasser
100 g Buttermilch-Frischkäse mit Kräutern

Die Butter weich werden lassen. Inzwischen den Knoblauch schälen, durch die Presse in eine kleine Schüssel drücken. Den Rucola waschen, trockentupfen, die Hälfte fein hacken und mit der Butter zum Knoblauch geben. Alles gut mischen und mit Salz, Pfeffer und Cayennepfeffer kräftig würzen. Bis zum Servieren kalt stellen.
Die Scampi aus den Schalen lösen, kalt abspülen und trockentupfen. Auf dem Grill oder mit Öl in einer beschichteten Pfanne rundherum 5 bis 6 Minuten garen, bis sie rosa sind.
Inzwischen den Salat waschen und gut abtropfen lassen. Den Zitronensaft mit dem Mineralwasser und dem Frischkäse gründlich verrühren, mit Salz und Pfeffer abschmecken und den Blattsalat darin wenden.
Jetzt den restlichen Rucola-Salat auf 4 Tellern anrichten, dann die Scampi darauf verteilen und mit der Kräuter-Butter bestreichen. Den Salat dazu reichen.

Weißer Bohnensalat

300 g große weiße Bohnen, getrocknet
3–4 frische Salbeiblätter
4–6 Knoblauchzehen
Salz
500 g reife Tomaten
2 Zwiebeln
1 Bund glatte Petersilie
6–7 EL Olivenöl
2–3 EL Balsamico-Essig
weißer Pfeffer

Bohnen über Nacht in 2 l Wasser einweichen, Salbeiblätter zufügen. Zwei geschälte, halbierte Knoblauchzehen zugeben. Alles zum Kochen bringen, salzen und etwa 1 1/2 Stunden garen. Sind die Bohnen gar, abgießen und Knoblauch und Salbei entfernen.
Tomaten häuten, halbieren und entkernen, das Fruchtfleisch würfeln. Die Zwiebeln abziehen und in dünne Ringe schneiden. Die Petersilie waschen, trockenschwenken und hacken.
Alles mit den abgetropften Bohnen vermischen.
Aus den restlichen Zutaten mit etwas Salz eine Marinade rühren. Die restlichen Knoblauchzehen fein hacken und hinzufügen. Über den Salat gießen und gut durchziehen lassen.

Hummerkrabben mit Knoblauch-Zitronen-Soße und Sherry-Cocktailsoße ▷

Salz
1 TL Kümmel
12 Hummerkrabben
1 Pckg. magerer Frischkäse (200 g)
100 g Dickmilch
3–4 Knoblauchzehen
1/4 Zitrone, unbehandelt
weißer Pfeffer aus der Mühle
100 g Magermilchjogurt
2–3 EL Tomatenketschup
2 TL Tomatenmark
1–2 TL Weinbrand
Paprikapulver, edelsüß
Cayennepfeffer
Zitronenrädchen

3/8 l Wasser, Salz und Kümmel aufkochen. Die Hummerkrabben dazugeben und 4 bis 5 Minuten garen. Auf einem Sieb abtropfen lassen.
Inzwischen 100 g Frischkäse mit der Dickmilch cremig rühren. Die Hälfte des Knoblauch durch die Presse drücken und zur Soße geben. Mit abgeriebener Zitronenschale, Salz und Pfeffer würzen.
Für die zweite Soße den übrigen Frischkäse, Jogurt, Ketschup und Tomatenmark verrühren. Mit Weinbrand, Paprika, Cayennepfeffer und zerdrücktem restlichen Knoblauch verrühren, abschmecken.
Die Hummerkrabben bis zum Schwanzende aus der Schale brechen. Die Krabben längs einritzen und den Darm entfernen. Die Krabben mit Zitronenrädchen garnieren.

Aïoli

(für 6 Personen)

2 Eigelb (zimmerwarm)
1 TL französischer Senf
Salz
Pfeffer
4 EL Zitronensaft
1/4 l Olivenöl (zimmerwarm)
6–8 Knoblauchzehen

Die Eigelb mit Senf, Salz, Pfeffer und Zitronensaft verrühren, unter ständigem Rühren Öl zuerst tropfenweise, dann in dünnem Strahl zugießen bis die Mayonnaise fest geworden ist.
Am Schluss den pürierten Knoblauch unterziehen.

TIPP

Eine Variante dieser Knoblauchmayonnaise ist die Sauce Rouille, die die Franzosen traditionell zur Bouillabaisse essen.
Dazu werden gehäutete Paprikaschoten püriert und zusammen mit fein gehackter Chilischote, wenig Tomatenmark und mit etwas Weißwein in diese Mayonnaise untergerührt.

Scampi mit Peperoni-Dip

▷

(für 1 Person)

100 g magerer Buttermilch-Frischkäse
50 g fettarmer Jogurt
1 eingelegte rote Peperoni
3 Knoblauchzehen
4 ungeschälte Scampi (je 50 g)
1 EL Olivenöl
1 Zitrone, unbehandelt
50 g Endivie
2 Lauchzwiebeln
2 EL Zitronensaft
Jodsalz, Koriander

Den Frischkäse mit Jogurt, Peperoniringen und gehacktem Knoblauch verrühren. Scampi in Öl mit der in Scheiben geschnittenen Zitrone anbraten. Endivie und Lauchzwiebelringe mit Scampi und Käsecreme anrichten. Bratfond mit Zitronensaft ablöschen, würzen. Salat damit beträufeln.

Knoblauch-Ingwer-Butter

5–6 Knoblauchzehen
50 g frischer Ingwer
1 TL Zitronengras
125 g Butter
Salz
Pfeffer
Chilipulver
1/2 EL Limettensaft

Den zerdrückten Knoblauch mit dem fein gewürfelten Ingwer und dem fein gehackten Zitronengras gut in die zimmerwarme Butter einarbeiten. Mit Limettensaft abschmecken.
Sehr gut zu gegrilltem Fisch und Fleisch.

Eingelegte Frühlingszwiebeln

2 Bund Frühlingszwiebeln
3 EL Olivenöl
Salz
1 Bund Petersilie
4–5 Knoblauchzehen
1 rote Chilischote
16 grüne Oliven, entsteint
3 EL Zitronensaft
1 TL Cognac

Den Backofen auf 200 °C vorheizen. Die Frühlingszwiebeln putzen und quer halbieren. Das Öl in eine feuerfeste Form gießen und die Frühlingszwiebeln darauf anrichten und salzen.
Die Frühlingszwiebeln im Ofen etwa 10 Minuten schmoren. Die Petersilie abspülen und trocknen. Die Knoblauchzehen schälen. Die Chilischote aufschlitzen, entkernen, abspülen und trocknen. Alles zusammen mit den Oliven nicht zu fein hacken. Zitronensaft und Cognac verrühren und über die heißen Zwiebeln gießen. Die Zwiebeln mit der Würzmischung bestreuen und mit Folie bedeckt bei Zimmertemperatur etwa 24 Stunden durchziehen lassen. Vor dem Servieren nach Belieben erwärmen.

Gefüllte Tomaten

▷

(für 2 Personen)

4 Fleischtomaten
2 große Hummerkrabben
einige Zuckerschoten
1 Stück gelbe Paprika
2 EL Erbsen
1 Becher Kräuter-Knoblauch-Dip
Dillfähnchen
1 dicke Scheibe geräucherte Putenbrust
1 hart gekochtes Ei
1/4 Beet Kresse

Bei den Fleischtomaten großzügig den Deckel abschneiden und die Tomaten mit einem Löffel aushöhlen. Die Tomatendeckel würfeln. Hummerkrabben in wenig Salzwasser garen, aus der Schale lösen und in Scheiben schneiden. Die Zuckerschoten in kochendem Wasser blanchieren. Ein kleines Stück Paprika würfeln, mit den Erbsen, den Tomatenwürfeln, den Hummerscheiben und in einem halben Becher Dip mischen und in zwei ausgehöhlte Tomaten füllen. Mit Dillfähnchen und einigen blanchierten Zuckerschoten garnieren. Putenbrust, Eiweiß und Eigelb würfeln und unter den restlichen Dip heben. Die Masse in die beiden verbliebenen Fleischtomaten füllen und mit Kresse und gehacktem Eigelb garnieren.

Marinierter Ziegenkäse

250 g Ziegenkäse
4–6 Knoblauchzehen
5 EL trockener Weißwein
Salz
Pfeffer
1/8 l Olivenöl
1/2 Bund Petersilie
Rosmarin
Thymian
Basilikum
1 Lorbeerblatt

Käse in 2 bis 3 cm große Würfel schneiden. Knoblauch schälen und hacken. Über den Käse streuen. Wein mit Salz und reichlich frisch gemahlenem Pfeffer verrühren, nach und nach das Öl einschlagen. Dabei sollte das Öl nur langsam zugegossen werden, sonst verbindet es sich nicht mit dem Wein. Anschließend die Petersilie abspülen, sehr gut trocknen und fein hacken. Zusammen mit fein zerriebenem oder zerhacktem Rosmarin, Thymian, Basilikum und dem Lorbeerblatt in die Ölmischung geben. Marinade über den Käse gießen, vorsichtig mischen und zugedeckt mindestens 5 Stunden, besser aber noch 1 bis 2 Tage im Kühlschrank durchziehen lassen.

Italienischer Pilzsalat

▷

600 g Champignons
2 Zitronen, ausgepresst
Salz
1 Lorbeerblatt
1 rote Paprikaschote
weißer gemahlener Pfeffer
2 TL italienische Kräuter
3 TL italienische Würzmischung
2 EL Balsamico-Essig
100 ml kaltgepresstes Olivenöl
3 Knoblauchzehen
8 Scheiben Baguette
1/2 Tube Knoblauchpaste
4 EL geriebener Gouda

Pilze putzen und ein Liter Wasser mit dem Saft einer Zitrone und etwas Salz in einem Topf zum Kochen bringen. Pilze mit Lorbeerblatt darin etwa fünf Minuten sprudelnd kochen lassen. In der Zwischenzeit die Paprikaschote halbieren, putzen, waschen und fein würfeln. Pilze auf einem Küchentuch gut abtropfen lassen, mit Küchenpapier trockentupfen, in etwa 1/2 cm dicke Scheiben schneiden und mit den Paprikawürfeln in eine Servierschüssel geben. Salz, Pfeffer, italienische Kräuter und zwei Esslöffel italienische Würzmischung und restlichen Zitronensaft in Balsamico-Essig rühren und das Olivenöl unterschlagen. Knoblauchzehen abziehen, zerdrücken und unter die Pilze mischen. Pilzsalat an einem kühlen Platz (nicht im Kühlschrank!) mindestens zwei Stunden marinieren lassen. Die Baguettescheiben mit Knoblauchpaste bestreichen und mit dem geriebenen Gouda und der restlichen italienischen Würzmischung bestreuen. Die Baguettescheiben im Backofen bei 200 °C etwa 10 Minuten überbacken und zum Pilzsalat servieren.

Auberginensalat

500 g kleine Auberginen
1/2 EL Salz
1/8 l Olivenöl
4 Knoblauchzehen
1/4 TL Kreuzkümmel
1/2 TL Paprikapulver, edelsüß
2 EL gehackte Korianderblätter (ersatzweise gemahlener Koriander)
3–4 EL Zitronensaft

Auberginen längs in 1/2 cm dicke Scheiben schneiden, mit Salz bestreuen und 15 bis 20 Minuten stehen lassen. Die Scheiben kalt abspülen und mit Küchenkrepp trockentupfen. In etwa 100 ml Olivenöl nacheinander in einer Pfanne braun anbraten, danach in eine flache Schüssel geben. Restliches Öl mit gehacktem Knoblauch, Kreuzkümmel, Paprika, Koriander und Zitronensaft mischen.
Über die Auberginenscheiben gießen, alles wenden und mindestens drei Stunden marinieren.

Tomaten-Zucchini-Salat mit Mozzarella „Insalata Italiana“ ▷

1 große Zucchini (400 g)
2 EL Öl
4 Tomaten (400 g)
2 Packungen Mozzarella (à 250 g)

Für die Vinaigrette:
4 EL Öl
1/2 Zitrone, ausgepresst
Salz
Pfeffer aus der Mühle
3 fein gehackte Knoblauchzehen
4 EL gehackte, gemischte Kräuter

Die Zucchini waschen, trockentupfen und in Scheiben hobeln. Das Öl erhitzen und die Zucchinischeiben von beiden Seiten kurz anbraten. Die Tomaten und den Mozzarella in Scheiben schneiden. Alle Zutaten abwechselnd in eine Form schichten.
Öl, Zitronensaft, Salz, Pfeffer, Knoblauch und Kräuter zu einer Vinaigrette rühren und über Gemüse und Mozzarella träufeln.
Vor dem Servieren kurz durchziehen lassen.

Mariniertes Rindfleisch mit Kressesalat

300 g Rinderfilet
1–2 Zitronen, unbehandelt
schwarzer Pfeffer, grob gestoßen
3–4 Knoblauchzehen
Salz
Zucker
4 EL Olivenöl
2 Bund Brunnenkresse
250 g Champignons
1 EL scharfer Senf

Rinderfilet etwas anfrieren lassen und in hauchdünne Scheiben schneiden. Von einer Zitrone die Schale abreiben, Zitrone auspressen und mit dem Saft, Pfeffer, Zitronenschale, durchgepresstem Knoblauch, Salz, 1 Prise Zucker und dem Öl eine Marinade rühren. Das Fleisch darin zugedeckt im Kühlschrank 1 Stunde ziehen lassen. Brunnenkresse waschen, abtropfen lassen und die grünen Blättchen abzupfen. Champignons putzen und in Scheiben schneiden. Mit der Brunnenkresse in die Salatschüssel geben. Fleischscheiben aus der Marinade nehmen, etwas ausdrücken und ebenfalls unter den Salat mischen. Marinade mit dem Senf gut verrühren, den Saft der zweiten Zitrone zugeben und noch einmal abschmecken. Über den Salat gießen, alles gut mischen und sofort servieren.

Bohnen-Tomatensalat mit feinen Käsestreifen

▷

(für 1 Person)

250 g Grüne Bohnen
Salz
1/2 Bund Bohnenkraut
150 g Tomaten
1 Bund Frühlingszwiebeln
60 g Rottaler Käse (kalorienreduziert)
1 EL Olivenöl
1/4 TL Senf
1 EL Essig
schwarzer Pfeffer
1 Prise Zucker
2–3 Knoblauchzehen

Die Bohnen putzen, waschen und halbieren. Salzwasser aufkochen, die Bohnen und das Bohnenkraut dazugeben und 15 Minuten garen. Dann in ein Sieb schütten, eiskalt abschrecken, sehr gut abtropfen und auskühlen lassen. Das Bohnenkraut entfernen. Die Tomaten waschen, achteln und dabei den Stängelansatz entfernen. Die Frühlingszwiebeln putzen, waschen, in feine Ringe schneiden und mit den Bohnen und den Tomaten in eine Schüssel füllen. Die Käsescheiben einmal längs halbieren, dann quer in schmale Streifen schneiden und dazugeben.
Aus Olivenöl, Senf, Essig, Salz, Pfeffer und Zucker mit dem Schneebesen eine cremige Marinade rühren. Den Knoblauch schälen und dazu pressen. Die Soße über den Salat gießen und alles gut mischen.

Möhrensalat

600 g Möhren
3–4 große Knoblauchzehen
1/2 TL Salz
1 rote Chilischote
3–4 EL Olivenöl
4–5 EL Zitronensaft
1–2 EL Zucker
1 TL Zimt
3/4 TL Kreuzkümmel
1 Bund glatte Petersilie

Möhren dünn schälen und in Scheiben schneiden.
150 ml Wasser mit abgezogenem Knoblauch und Salz aufkochen. Die Möhren darin in etwa 15 Minuten garen. Die Chilischote halbieren, entkernen und in feine Streifen schneiden. Mit Öl, Zitronensaft, Zucker, Zimt, Kreuzkümmel und gehackter Petersilie verrühren. Abgetropfte Möhren damit übergießen. Lauwarm oder kalt servieren.

TIPP

Anstelle der Möhren können Sie auch anderes gegartes Gemüse nehmen, wie Blumenkohl, Zucchini oder Brokkoli. Gut zu der orientalischen Soße passen auch Okraschoten (sog. Ladyfingers).

Käse-Nudelsalat mit Avocado

▷

250 g Makkaroni
Salz, 1 EL Öl
1 kleine Avocado
1 Zitrone
1 Tomate
125 g Camembert (55 %)
1 hart gekochtes Ei
1/2 Becher Landrahm mit Kräutern (ca. 75 g)
5 EL Milch
1 TL Zucker
3 Knoblauchzehen
Salz, weißer Pfeffer
1–2 EL Sahne
4 Scheiben Saftschinken (ca. 125 g)
2 EL Landrahm mit Meerrettich (ca. 50 g)

Makkaroni in Stücke brechen und in reichlich Salzwasser mit Öl „al dente" kochen, abgießen, kalt abbrausen und auskühlen lassen. Avocado halbieren, den Kern herauslösen und das Fruchtfleisch in dünne Spalten schneiden. Sofort mit Zitronensaft beträufeln und auf vier Teller verteilen.
Tomate halbieren, in kleine Stücke schneiden, dabei Stielansatz und Kerne entfernen. Tomatenwürfel, Nudeln und den in kleine Stücke geschnittenen Camembert mischen und auf vier Teller verteilen. Mit gehacktem Ei bestreuen. Kräuter-Landrahm mit Milch cremig rühren, mit Zitronensaft, Zucker, gepresstem Knoblauch, Salz und Pfeffer pikant abschmecken und über den Salat geben. Gut durchziehen lassen. Den Meerrettich-Landrahm mit etwas Sahne cremig rühren.
Schinkenscheiben zu Tüten formen, auf den Salat geben und den Meerrettich-Landrahm mit dem Spritzbeutel hineinfüllen.

Feldsalat mit Knoblauchbutter-Croûtons

300 g Feldsalat
2 Schalotten
1 EL Butter
3–4 Knoblauchzehen
1 Scheibe Toastbrot
1 EL Zitronensaft
3 EL Olivenöl
1 Prise Zucker
Pfeffer aus der Mühle, Salz

Feldsalat putzen, waschen und trockenschleudern.
Die Schalotten schälen und in sehr feine Würfel schneiden. In einem Pfännchen die Butter zerlassen, den durchgepressten Knoblauch andünsten und das in Würfel geschnittene Toastbrot darin rösten.
Zitronensaft und Öl aufschlagen, mit einer Prise Zucker, Pfeffer und Salz abschmecken. Die Marinade über den Salat gießen, mischen, warme Toastwürfel darüber streuen und sofort servieren.

TIPP

Um den Salat reichhaltiger zu machen, können Sie angebratene Austernpilze zum Feldsalat hinzufügen.
Ersetzen Sie den Feldsalat durch Rucola-Salat, er ist herber im Geschmack und verleiht so dem Salat eine pikante Note.

Nudelsalat mit Krabben und Landrahm ▷

250 g Nudeln
Salz
1 EL Öl
4 Eier
4 EL Butter
4 Knoblauchzehen
250 g Riesenscampi (frisch oder TK)
2 Stangen Bleichsellerie
1 Becher Landrahm mit Kräutern (150 g)
100 ml Milch
2 EL Zitronensaft
Pfeffer

Nudeln in reichlich Salzwasser mit Öl „al dente" kochen, abgießen, kalt abbrausen und auskühlen lassen. Eier hart kochen, abschrecken und schälen. Butter erhitzen und den fein gehackten Knoblauch darin andünsten. Die Riesenscampi zugeben und von beiden Seiten in der Knoblauchbutter 2–3 Minuten braten. Bleichsellerie mit Grün in dünne Scheiben schneiden.

Nudeln, Scampi, Bleichsellerie und die geachtelten Eier in eine Schüssel geben und vorsichtig mischen. Kräuter-Landrahm mit der Milch verrühren, mit Zitrone, Salz und Pfeffer abschmecken und über den Salat geben, unterheben und gut durchziehen lassen.

Tintenfisch-Salat

400 g gekochter Tintenfisch
300 g gekochte Scampi
500 g gekochte Muscheln (Vongole und Miesmuscheln)
1 Zitrone, ausgepresst
Salz
Pfeffer
6 EL Olivenöl
3–4 Knoblauchzehen
1 Schalotte
1/2 Bund Petersilie
Rosmarin
1 Kopfsalat

Tintenfisch und Scampi in Stücke zerteilen und mit den Muscheln mischen. Zitronensaft mit Salz, Pfeffer und Öl verrühren. Die Knoblauchzehen, Schalotte, Petersilie und Rosmarin fein hacken, über den Salat gießen und zugedeckt 10 Minuten durchziehen lassen. Eine Schüssel mit Salatblättern auslegen. Tintenfischsalat darauf anrichten und sofort servieren.

TIPP

Wenn Sie nur ungegarte Meeresfrüchte bekommen, kochen Sie sie in Weinsud: Tintenfische etwa 20 Minuten, Scampi 5 bis 8 Minuten und Muscheln, bis sich die Schalen öffnen.

Bulgur-Salat

▷

(für 2 Personen)

1/8 l Wasser
100 g Bulgur
1 Beutel für Gartenkräuter-Soße (Fertigprodukt)
4 Tomaten
1 kleine rote Zwiebel
1/2 grüne Paprikaschote
1 rote Chilischote
2 EL Olivenöl
1 EL Sonnenblumenöl

Das Wasser zum Kochen bringen. Bulgur in eine Schüssel geben und das Wasser hinzufügen. Die Gartenkräutermischung unterrühren und zugedeckt etwa 15 Minuten ausquellen lassen.
Die Tomaten überbrühen, Haut abziehen und in Würfel schneiden. Die Zwiebel schälen und in dünne Scheiben schneiden. Die halbe Paprikaschote waschen, putzen und in kleine Würfel schneiden. Die rote Chilischote waschen, Kerne und weiße Innenhäute entfernen und fein hacken.
Alle Zutaten mit dem Bulgur und mit dem Oliven- und Sonnenblumenöl mischen. Den Salat etwa 1 Stunde durchziehen lassen.

Auberginen-Reis-Salat

2 mittelgroße Auberginen
Salz
2 EL Olivenöl
1 Zwiebel
1 rote Paprikaschote
1 grüne Paprikaschote
4 Knoblauchzehen
Geschälte Tomaten (1 kleine Dose)
Oregano, Basilikum
Pfeffer
200 g gekochten Naturreis
50 g gekochten Wildreis
1/2 Tasse Parmesankäse
1 Bund Oregano

Die Auberginen halbieren und mit einem Teelöffel das Fruchtfleisch herauslösen.
Das Auberginenfleisch würfeln, mit Salz bestreuen und 10 Minuten im Kühlschrank ziehen lassen. Auberginenhälften und das Auberginenfleisch waschen und bereitstellen.
Das Olivenöl erhitzen und die fein gehackte Zwiebel darin kurz anbraten. Das Auberginenfruchtfleisch mit den fein gewürfelten Paprikaschoten dazugeben und kurz mitbraten. Die geschälten und mit Salz zerstoßenen Knoblauchzehen untermischen und mitdünsten.
Die mit einer Gabel zerdrückten Tomaten dazugeben. Bei mäßiger Hitze 6 bis 8 Minuten dünsten. Vom Feuer nehmen und mit Oregano, Basilikum, Salz und Pfeffer abschmecken. Das Gemüse mit dem Naturreis, dem Wildreis und geriebenem Parmesan vermischen.
Den Reissalat in die Auberginenhälften füllen und mit fein geschnittenem Oregano bestreut servieren.

Kartoffelsalat mit Landrahm-Soße ▷

750 g Kartoffeln (möglichst fest kochend)
1/2 Salatgurke (ca. 250 g)
2 rote Zwiebeln
1 rote Paprikaschote
1 Becher Landrahm Natur
3 Knoblauchzehen
100 ml Milch
2 EL Kartoffel-Essig
1 TL Zucker
Salz, weißer Pfeffer
2 EL gehackte Petersilie

Kartoffeln als Pellkartoffeln kochen, pellen, auskühlen lassen und in Scheiben schneiden. Salatgurke in dünne Scheiben, die Zwiebeln schälen und in Ringe schneiden. Die Paprikaschote waschen, halbieren, putzen und in kleine Würfel schneiden. Alle Zutaten in einer großen Schüssel vorsichtig mischen. Aus Landrahm, dem gepressten Knoblauch und den übrigen Zutaten eine sahnige Soße anrühren. Die Soße pikant abschmecken, über den Salat geben, unterheben und mit Petersilie bestreuen.

Taboulé

200 g Couscous (Hartweizengrieß)
2 große, saftige Zitronen
700 g reife Tomaten
1 Bund Frühlingszwiebeln
1 kleine Salatgurke
5–6 Knoblauchzehen
2 frische rote Chilischoten
1 Bund glatte Petersilie
1 Bund Pfefferminze
100 g entsteinte Oliven
5 EL Olivenöl
Salz
schwarzer Pfeffer

Couscous-Grieß in ein mit einem Tuch ausgelegtes Sieb geben. Mit 100 ml heißem Wasser verrühren und 10 Minuten quellen lassen. Einen hohen Topf zur Hälfte mit Wasser füllen, zum Kochen bringen und das Sieb über der Flüssigkeit einhängen. Mit Deckel verschließen und über Dampf 40 Minuten garen. Den Couscous in eine Schüssel geben, leicht auflockern und mit dem ausgepressten Saft der Zitronen übergießen. Über Nacht im Kühlschrank durchziehen lassen. Die Tomaten überbrühen, kalt abschrecken und häuten. Die Früchte achteln. Die Zwiebeln putzen, waschen und mit dem hellen Grün in 1 cm lange Stücke schneiden. Die Gurke in kleine Stücke schneiden. Die Knoblauchzehen fein hacken. Die Chilischoten entkernen und in feine Ringe teilen. Alles unter den Grieß mischen. Petersilie und Pfefferminze waschen und grob hacken. Mit den Oliven und dem Öl unter den Salat mischen. Mit Salz und Pfeffer abschmecken.

Speck-Kartoffelsalat vegetarisch ▷

1,2 kg Kartoffeln
150 g Zwiebeln
3 Knoblauchzehen
125 g Tofu, geräuchert (Reformhaus)
3 EL Sonnenblumenöl
3/8 l Wasser
200 g Gewürzgurken
2 Gemüsebrühwürfel (Reformhaus)
6 EL Obst-Essig
2 EL Senf
1 TL Petersilie
1 TL Majoran
1–2 TL Kräutersalz (Reformhaus)
Muskat, Pfeffer
1 Bund Radieschen

Für die Schafskäsecreme:
200 g Schafskäse
100 g Diätmargarine
3 EL Sahne
3 Knoblauchzehen
10 schwarze Oliven
2 EL Tomatenmark
Oregano, Rosmarin, Zitronensaft

Kartoffeln mit Schale gar kochen. In der Zwischenzeit Zwiebeln fein hacken, Knoblauchzehen durchpressen und Räucher-Tofu fein würfeln. Alles im Sonnenblumenöl glasig dünsten, dann mit Wasser ablöschen. Gewürzgurken ebenfalls fein würfeln, alle übrigen Zutaten zugeben und kräftig abschmecken. Da die Kartoffeln die Soße neutralisieren, muss sie „überwürzt“ sein, d. h. zu salzig, zu sauer und zu stark nach Senf schmecken. Die Kartoffeln möglichst warm pellen, in Scheiben schneiden und vorsichtig unterheben. Nach dem Abkühlen nochmals abschmecken. Dazu eine Schafskäsecreme reichen. Sämtliche Zutaten im Mixer pürieren, abschmecken und ziehen lassen.

Gebratene Austernpilze mit Tomaten-Vinaigrette

3 Fleischtomaten
3 EL Rotwein-Essig
Salz
Pfeffer aus der Mühle
10 EL Olivenöl
1 Bund Basilikum
600 g Austernpilze
5–6 Knoblauchzehen

Die Tomaten blanchieren, häuten, entkernen und in kleine Würfel schneiden. Für die Vinaigrette den Rotwein-Essig mit Salz verrühren, Pfeffer zufügen und die Hälfte des Olivenöls kräftig einarbeiten. Die Tomatenwürfel unterheben. Das Basilikum fein hacken und einstreuen. Die Austernpilze putzen und, falls nötig, zerteilen. Das restliche Olivenöl in einer großen Pfanne erhitzen und die Austernpilze darin beidseitig kräftig anbraten. Den Knoblauch durch die Presse auf die Pilze drücken, salzen und pfeffern.
Die Austernpilze mit je einem Esslöffel der Tomaten-Vinaigrette auf 4 Teller verteilen.

Knoblauch-Linsen in Weinblättern

250 g Berglinsen
4 EL Olivenöl
5–6 Knoblauchzehen
1 kleine grüne Peperoni
1/2 l kräftiger Rotwein
Salz
1 EL brauner Zucker
schwarzer Pfeffer
8–12 blanchierte oder eingelegte Weinblätter

Linsen für etwa 1 Stunde in kaltem Wasser einweichen. Öl erhitzen, die gut abgetropften Linsen zugeben und unter Rühren trocken dünsten. Zwei Knoblauchzehen und die zuvor entkernte Peperoni fein hacken, zu den Linsen geben und mitdünsten. Den Rotwein nach und nach zugießen und zwischendurch immer wieder verkochen lassen, bis die Linsen weich, aber noch nicht zerfallen sind. Eventuell etwas Wasser nachgießen. Beim letzten Zuguss Salz, Zucker, Pfeffer und restlichen gehackten Knoblauch darunter mischen, kurz erhitzen.
Leicht abgekühlt die Linsen nochmals abschmecken und portionsweise in die Weinblätter einrollen.

TIPP

Die verpackten Knoblauch-Linsen als Vorspeise servieren. Sie passen aber auch vorzüglich als Beilage zu Wildgeflügel.

Abb. S. 79
Crostini-Teller Toscanello
(Rezept S. 106)

Snacks – für den kleinen Hunger

Quiches mit Mozzarella und Krabben ▷

Für den Teig:
250 g Mehl
125 g Butter
1 Ei
1–2 EL Wasser
Salz

Für den Belag:
3 EL Öl
1 fein gehackte Zwiebel
4 fein gehackte Knoblauchzehen
150 g Lauchringe
150 g Paprikastreifen von je einer gelben und einer roten Paprika
40 g gewürfelte Zucchini
12 Garnelen (ca. 100 g)
Salz, Pfeffer aus der Mühle
1 Pck. Mozzarella (250 g)
1/8 l Sahne
2 Eier
1 EL gehackte Kräuter

Die Zutaten für den Teig zu einer glatten Masse verkneten und ca. 1 Stunde in den Kühlschrank legen. Dabei mit einer Folie abdecken, damit er nicht austrocknet. Das Öl erhitzen und die gehackten Zwiebeln und den Knoblauch darin andünsten. Das klein geschnittene Gemüse dazugeben und bissfest garen. Die Garnelen zugeben und kurz mitdünsten lassen. Mit Salz und Pfeffer abschmecken und abkühlen lassen.

Eine gefettete Springform mit Teig auslegen und bei 200 °C etwa 10 Minuten blind backen. (Die Quiche kann entweder in einer großen Springform mit 26 cm Durchmesser oder in kleinen Formen gebacken werden. Bei Förmchen mit 12 cm Durchmesser reicht das Rezept für 6 Törtchen.) Die Gemüsemasse auf die Törtchen verteilen und die Mozzarella-Scheiben darauf legen. Die Sahne mit den Eiern und den gehackten Kräutern verquirlen und über das Gemüse gießen. Bei 200 °C 15 bis 20 Minuten backen. Heiß servieren.

Omelett „Mexiko"

(2 Stück)

1 kleine Zwiebel
2–3 Knoblauchzehen
50 g Butter
1 Dose Gemüsemais (Abtropfgewicht 285 g)
je 1/2 Bund Schnittlauch und Petersilie
1 TL Salz, Pfeffer a. d. Mühle
5 Eier
5 EL Schlagsahne

Zwiebel abziehen, würfeln und zusammen mit dem fein gehackten Knoblauch in einem Teelöfel Butter glasig dünsten. Abgetropften Mais zufügen und erwärmen. Gehackte Kräuter zufügen und mit Salz und Pfeffer würzen. Eier trennen. Eiweiß steif schlagen. Eigelb, Sahne, Salz und Pfeffer verrühren und unter den Eischnee heben. Restliche Butter in einer Pfanne erhitzen und die Hälfte der Eischaummasse hineingeben. Bei kleiner Hitze stocken lassen. Die Hälfte der Mais-Füllung darauf geben und das Omelett zur Hälfte überklappen, warm stellen. Das zweite Omelett genauso bereiten.

Gefüllte Tacos mit Fleischfüllung ▷

1 EL Butter
1 Zwiebel, gehackt
250 g Rinder-Hackfleisch
4–6 Knoblauchzehen
3 EL Mais, aus der Dose
je 1/2 grüne und rote Paprikaschote, gewürfelt
2 Becher Dip Mexikana
Salz, Pfeffer
Chilipulver
12 fertige Tacoschalen
einige Blätter Eisbergsalat

Butter erhitzen und die fein gewürfelte Zwiebel darin andünsten. Hackfleisch zugeben und kräftig anbraten. Knoblauchzehen schälen, fein hacken und gegen Ende der Bratzeit zum Hackfleisch geben. Mais, fein gewürfelte Paprikaschoten sowie 1 Becher Dip zur Fleischmasse geben und kurz miterhitzen. Anschließend mit den Gewürzen pikant abschmecken. Inzwischen die Tacoschalen mit der offenen Seite nach unten auf ein Backblech setzen, im vorgeheizten Backofen bei 180 °C ca. 3 bis 4 Minuten aufbacken. Tacoschalen innen dick mit Dip bestreichen, mit klein geschnittenen Salatblättern auslegen und mit der Hackfleischmasse füllen.

Gefüllte Pfannkuchen „à la provençal"

(für 3 Personen)

Für den Teig:
60 g Vollkornweizenmehl
1 Prise Salz
1/4 TL Backpulver
30 g Butter
1 Ei
1/8 l Buttermilch

Für die Füllung:
2 Fleischtomaten (400 g)
125 g Tofu
1 TL Öl
4–5 Knoblauchzehen
1 EL geröstete Erdnusskerne
1/2 Bund glatte Petersilie
2 TL Thymian
Salz, Pfeffer
Fett für die Form
4 EL Schlagsahne

Mehl, Salz und Backpulver mischen. Die Hälfte der Butter zerlassen und zufügen. Ei und Buttermilch unterrühren. 30 Minuten quellen lassen.
Für die Füllung Tomaten überbrühen, häuten, entkernen und würfeln. Tofu grob würfeln und in heißem Öl anbraten. Tomatenwürfel, zerdrückten Knoblauch, grob gehackte Erdnusskerne sowie in Streifen geschnittene Petersilie und gerebelten Thymian dazugeben und kurz mitdünsten. Mit Salz und Pfeffer würzen.
In der restlichen Butter sechs Pfannkuchen backen. Jeweils etwas Füllung auf die Pfannkuchen geben, aufrollen und in eine gefettete ofenfeste Form geben, Sahne darüber gießen und in den Backofen schieben. Auf 220 °C schalten und etwa 15 Minuten überbacken.

Crespello di Toscanello

▷

Für den Teig:
125 g Mehl
1/4 l Milch
3 Eier
Salz
3 EL Butter

Für den Belag:
80 g Basilikum
4 Knoblauchzehen
2 EL Sahne
4 EL geriebener Parmesan
2 EL Butter
1 Pck. stückige Tomaten (375 g)
1 TL getrockneter Thymian
Pfeffer
etwas Zucker

Mehl, Milch, Eier und eine Prise Salz zu einem glatten Teig verrühren. Die Butter schmelzen, leicht abgekühlt unter den Teig heben und ca. 20 Minuten ruhen lassen.
Basilikum waschen und trockentupfen, Knoblauchzehen abziehen. Mit dem Mixer Basilikum und drei der Knoblauchzehen pürieren, mit Sahne und Parmesan verrühren und mit Salz abschmecken.
Nacheinander acht hauchdünne Crespelle auf beiden Seiten goldgelb backen, kurz abkühlen lassen und mit Basilikumcreme bestreichen. Crespelle zusammenklappen, auf einer vorgewärmten Platte anrichten oder im Backofen warm halten.
Restliche Knoblauchzehe zerdrücken und in der erhitzten Butter mit den Tomaten andünsten. Mit Thymian, Salz, Pfeffer und etwas Zucker abschmecken. Tomatensoße zu den Crespelle servieren und mit Tomatenwürfeln und Basilikumblättern garnieren.
Dazu passt gut ein leichter italienischer Rotwein.

Ziegenkäse-Flan

(für 8 Portionen)

5–6 Knoblauchzehen
20 g Butter
1 rote Pfefferschote
4 Eier
250 g Ziegenkäse
250 g körniger Frischkäse
2 Becher Schlagsahne (à 200 g)
3 EL Grieß
Fett für die Form

Knoblauchzehen hacken und in heißem Fett glasig dünsten. Pfefferschote in Ringe schneiden und die Kerne herauslösen.
Eigelb schaumig schlagen, Knoblauch, Pfefferschotenringe, durch ein Sieb gestrichenen Ziegenkäse, gut abgetropften Frischkäse, Sahne und Grieß zufügen und alles gut vermischen.
Eiweiß steif schlagen und unterheben. Masse in eine gefettete Pie- oder Springform (Durchmesser 30 cm) geben. Form in den Backofen schieben, auf 200 °C schalten und etwa 25 bis 30 Minuten backen. Eventuell zwischendurch abdecken. Flan etwas abkühlen lassen und aus der Form lösen.

Spinat-Knoblauch-Quiche

▷

900 g Blattspinat (tiefgekühlt)
1 Pck. Blätterteig (450 g)
Mehl zum Ausrollen
4 Knoblauchzehen
100 ml passierte Tomaten
Salz, Pfeffer
200 g gekochter Schinken
2 Becher Sahne (400 ml)
5 Eier
Oregano
200 g Feta (Kuhmilch)

Spinat auftauen lassen und ausdrücken. Blätterteigrollen einzeln nebeneinander legen und etwa 20 Minuten auftauen lassen. Backofen auf 200 °C vorheizen. Blätterteigplatten aufeinander legen, mit etwas Mehl vorsichtig zu einem Rechteck in der Größe eines Backblechs ausrollen und das Backblech damit auslegen.
Knoblauch schälen und zerdrücken. Passierte Tomaten mit dem Knoblauch, Salz und Pfeffer verrühren und auf den Teig streichen. Schinken und Spinat auf den Teig verteilen. Sahne mit Eiern, Salz und Oregano verrühren und auf den Teig geben. Zuletzt den grob gehackten Feta ebenfalls auf dem Blech verteilen. Im Backofen bei 200 °C etwa 30 Minuten backen.

Überbackenes Zwiebelbrot

4 große Scheiben Bauernbrot
Butter oder Margarine
100 g gekochter Schinken
3–4 Knoblauchzehen
2 große Gemüsezwiebeln
2 Karotten
1 Schuss Weißwein
Salz
Pfeffer aus der Mühle
1 Prise Muskatpulver
1 Prise Kümmelpulver
4 Eier
1 Schuss Sahne
100 g geriebener Emmentalerkäse
1/2 Bund Petersilie
1/2 Bund Schnittlauch

Die Bauernbrotscheiben dünn mit Butter oder Margarine bestreichen und mit dem in dünne Scheiben geschnittenen, gekochten Schinken belegen.
1–2 EL Butter oder Margarine in einer Pfanne erhitzen und die fein gehackten Knoblauchzehen darin andünsten.
Die Gemüsezwiebeln schälen, fein hacken, die Karotten schälen und raspeln. Beides zum Knoblauch geben und kurz mitdünsten. Mit Weißwein ablöschen. Mit Salz, Pfeffer, Muskat und Kümmel kräftig würzen und so lange garen, bis die Flüssigkeit einreduziert ist.
Die Eier mit einem Schuss Sahne und mit der Hälfte des Emmentalers verrühren. Die Pfanne vom Feuer nehmen und die Masse einrühren. Nochmals kräftig abschmecken und die gehackten Kräuter untermischen.
Die erkaltete Gemüsemischung auf den Bauernbrotscheiben verteilen. Mit dem restlichen Käse bestreuen und unter dem Grill goldgelb überbacken.

ATROS
FETA

Pizza mit Auberginen

▷

Für den Pizzateig:
300 g Mehl
20 g Hefe
1/8 l lauwarmes Wasser
1/2 TL Salz
1 EL weiche Butter

Für den Belag:
2 kleine Auberginen (etwa 400 g)
4 Zucchini (etwa 400 g)
Öl zum Braten, Einfetten und Beträufeln
Salz
4 EL Tomatenmark
4 EL Tomatenketschup
1/2 Zitrone, unbehandelt (Saft und abgeriebene Schale)
Pfeffer
4 Knoblauchzehen
1 Pckg. Mozzarella (250 g)
3 EL Pinienkerne
200 g gekochtes oder gebratenes Hähnchenfleisch

Das Mehl in eine Schüssel sieben und eine Mulde hineindrücken. In die Vertiefung die Hefe hineinbröckeln und mit dem Wasser verrühren. Mit etwas Mehl bedecken und 10–15 Minuten gehen lassen. Dann das Salz und die Butter zugeben und einen glatten, aber nicht zu festen Hefeteig schlagen. Den Teig auf einer bemehlten Arbeitsfläche kräftig durchkneten. Zugedeckt nochmals 30 Minuten gehen lassen.
Auberginen und Zucchini waschen und putzen, in 1/2 cm dünne Scheiben schneiden. Portionsweise in heißem Öl beidseitig kurz bräunen. Herausnehmen, auf Küchenpapier abtropfen lassen und salzen.
Den Teig in der Größe des Backblechs ausrollen und auf das leicht gefettete Backblech legen. Den Backofen auf 230 °C vorheizen. Tomatenmark, Ketschup, Zitronensaft und -schale verrühren, mit Salz, Pfeffer und zerdrücktem Knoblauch würzen. Die Mischung auf die Pizza streichen.
Mozzarella in dünne Scheiben schneiden, mit den Auberginen und Zucchini auf der Pizza verteilen. Die Pinienkerne aufstreuen, zum Schluß mit Öl beträufeln.
Auf der unteren Schiene im Ofen 12–14 Minuten backen.
Hähnchenfleisch in Streifen schneiden, 3 Minuten vor Ende der Backzeit die Pizza damit belegen.

TIPP

Im Süden Frankreichs liebt man es, die Pizza nachträglich mit einem pikanten Knoblauch-Olivenöl zu würzen.

Knoblauchöl der Provence

15–20 geschälte Knoblauchzehen in einem Sud aus 1/2 l Wasser und 1/8 l Wein-Essig, etwas Salz und Zucker zusammen mit 4 Chilischoten 5 Minuten kochen. Durchsieben, Knoblauchzehen trocknen lassen und mit 2 Lorbeerblättern und einem Zweig Rosmarin in ein Glas schichten. Das Glas mit Olivenöl auffüllen, leicht schütteln, damit die Luftblasen entweichen können, verschließen und kühl aufbewahren.

Pizzafladen mit Kräutern und Knoblauch ▷

1 kg Mehl
1 Würfel Hefe
2 EL Zucker
0,6 l Wasser
2 EL Sonnenblumenöl
2 EL Olivenöl
1 gestrichener Esslöffel Salz
gemischte Kräuter (Salbei, Thymian, Oregano)
4 Knoblauchzehen
grobes Meersalz
Olivenöl zum Beträufeln

Mehl in eine Schüssel geben. Die Hefe in die Mitte bröseln, mit Zucker und etwas lauwarmem Wasser verrühren, mit Mehl bestäuben und 15 Minuten zugedeckt gehen lassen. Dann Öl und Salz und nach und nach ca. 1/2 l Wasser dazugeben, verkneten und zugedeckt nochmal gehen lassen. Anschließend 12 gleich große Stücke zu Kugeln formen, zu Fladen flachdrücken und mit Kräutern, fein gehacktem Knoblauch und Salz bestreuen. Die Fladen mit Öl beträufeln und bei 200 °C 15 Minuten backen.

Pilzschnitten

(20 Stück)

1 Päckchen TK-Blätterteig (300 g)
2 Eigelb
Fett für das Backblech
1–2 EL Milch

Füllung:
1 Scheibe Toastbrot
2 EL Milch
100 g Champignons
1 EL Öl
150 g Schweinemett
je ein 1/2 Bund Petersilie und Basilikum
3–4 Knoblauchzehen
Salz, Pfeffer
Paprikapulver, edelsüß
1 TL provenzalische Kräutermischung
Mehl zum Ausrollen

Blätterteigscheiben auftauen lassen. Für die Füllung Toastbrot entrinden, mit Milch beträufeln. Champignons putzen, fein hacken und in heißem Öl andünsten. Brot ausdrücken. Mett, Brot, Pilze, gehackte Kräuter und durchgepressten Knoblauch gut vermischen. Kräftig mit Salz, Pfeffer, Paprika und Kräutermischung abschmecken.
Blätterteigscheiben nebeneinander auf wenig Mehl ausrollen. Jede Scheibe der Breite nach in vier Streifen schneiden. In die Mitte der Streifen je einen gehäuften Teelöffel Füllung setzen. Ränder mit verquirltem Eigelb bestreichen. Schmale Teigenden zur Seite hin umklappen und fest andrücken. Blätterteigschnitten auf ein gefettetes Backblech setzen. Restliches Eigelb und Milch verrühren und die Teigoberfläche bestreichen. Mit Paprikapulver bestäuben. Blech in den auf 225 °C vorgeheizten Backofen schieben und 12–15 Minuten backen.

Pizza mit Spinat und Mozzarella

▷

Für den Teig:
125 g kühle Butter in Stückchen
250 g Mehl
1 kleines Ei
1–1 1/2 EL kaltes Wasser
Salz

Für den Belag:
3–4 Knoblauchzehen
300 g küchenfertiger Spinat
20 g Butter
Salz, Pfeffer, Muskat
1 Ei
1 EL Sahne
1 Pck. Mozzarella (250 g)

Für den Teig die Butter mit Mehl, Ei, zuerst nur 1 Esslöffel Wasser und Salz verkneten. Sollte der Teig zu fest werden, noch Wasser hinzufügen. Den Teig in Klarsichtfolie einschlagen und kühl stellen. Für den Belag die Knoblauchzehen fein hacken. Den Spinat waschen und gut ausschütteln. In der Butter dann den Knoblauch anschwitzen, den tropfnassen Spinat zugeben und zusammenfallen lassen. Mit Salz, weißem Pfeffer und Muskat kräftig würzen. Unter den abgekühlten Spinat das Ei und die Sahne rühren.
Den vorbereiteten Teig in der Größe des Backblechs (41 x 32 cm) ausrollen. An den Rändern leicht hoch- und andrücken. Den Spinat darauf verteilen. Im vorgeheizten Backofen bei 200 °C in 20 Minuten backen. Mozzarella in Scheiben schneiden und über den Spinat verteilen. Danach weitere 10 Minuten backen.

Crostini-Doppeldecker

(8 Stück)

100 g Mozzarellakäse
8 Scheiben Toastbrot
3–5 Knoblauchzehen
35 g Sardellenfilets
2 EL Kapern
1/2 Bund Petersilie
6 EL Olivenöl
1/4 TL weißer Pfeffer
1 Glas Oliven

Den Käse abtupfen und in nicht zu dünne Scheiben schneiden. Die Brotscheiben entrinden und diagonal halbieren. Die Knoblauchzehen zerdrücken. Die Sardellenfilets mit den Kapern und dem Knoblauch im Mixgerät pürieren oder durch ein Sieb streichen, sodass eine streichfähige Paste entsteht. Die Petersilie hacken und mit 4 Esslöffel Olivenöl unter die Paste rühren. Die Sardellenpaste mit dem möglichst frisch gemahlenen Pfeffer würzen. Den Backofen auf 250 °C vorheizen. Die Hälfte der Brotstücke mit der Paste bestreichen, darauf die Käsescheiben legen und mit den übrigen Brothälften bedecken.
Die Crostini von beiden Seiten mit dem restlichen Öl beträufeln, auf ein Backblech legen und im vorgeheizten Backofen in wenigen Minuten goldbraun backen. Während der Backzeit einmal wenden.
Die Crostini aus dem Ofen nehmen, leicht abkühlen lassen und mit schwarzen Oliven servieren.

Vollkorn-Fladenbrot pikant gefüllt ▷

Für den Teig:
1 Würfel Hefe
3/8 l lauwarmes Wasser
500 g Weizenvollkornmehl (Type 1050)
100 g Hirsemehl
100 g Maismehl
1–2 TL gemahlener Kreuzkümmel
1–2 TL Vollmeer-Salz (Reformhaus)
8 EL Pflanzenöl
Weizenvollkornmehl zum Ausrollen

Für die Füllung:
1 Bund Frühlingszwiebeln
5 Knoblauchzehen
2 EL Pflanzenöl
1 TL körnige Würze
1 EL Sojasoße
Salz, Kümmel
200 g Schafskäse, gewürfelt

Zum Bestreichen:
2 Eigelb
2 EL Sahne
4 EL ungeschälte Sesamsamen

Hefe in Wassser auflösen, mit den Mehlen vermischen und gut durchkneten. Kreuzkümmel, Salz und Öl unterkneten, den Teig etwa zwei Stunden an einem warmen Ort gehen lassen. Anschließend in zwei Hälften teilen und ausrollen. Für die Füllung in Ringe geschnittene Frühlingszwiebeln und gehackten Knoblauch in heißem Pflanzenöl und körniger Würze andünsten, mit Sojasoße verrühren und mit Salz und Kümmel abschmecken. Diese Masse auf eine ausgerollte Teighälfte geben und mit in kleine Würfel geschnittenem Schafskäse bestreuen. Mit der zweiten Teighälfte bedecken, die Ränder zusammendrücken. Sahne und Eigelb verquirlen, Fladenbrot damit bestreichen, danach mit Sesamsamen bestreuen. Bei 180 °C im vorgeheizten Backofen etwa 50–60 Minuten backen.

Gefülltes Brot

1 Weißbrot
400 g Tatar
200 g geriebener Gouda
100 g Butter
5 Knoblauchzehen
200 g gekochter Schinken
2 Bund Petersilie
Salz
schwarzer Pfeffer

Das Brot in der Mitte durchschneiden und beide Hälften vorsichtig aushöhlen.
Tatar mit geriebenem Käse, der weichen Butter und den zerdrückten Knoblauchzehen vermengen. Den Schinken in sehr kleine Würfel schneiden, Petersilie abspülen, trocknen und hacken. Zugeben, kräftig salzen und pfeffern. Alles gut mischen. Die Füllung in das Brot füllen und beide Hälften fest gegeneinander drücken. In Alufolie wickeln und mehrere Stunden, am besten über Nacht, im Kühlschrank durchziehen lassen. Mit einem sehr scharfen Messer in Scheiben schneiden und servieren.

Tzatziki-Brot

▷

(für 1 Person)

1 kleine Zwiebel
2 Knoblauchzehen
1 Stück Salatgurke (100 g)
100 g saure Sahne (10 %)
Pfeffer
Meersalz mit Jod und Fluor
1 Scheibe Roggenmischbrot
1 Scheibe Roggen-Knäcke
Dill, Borretsch
2 Tomaten

Zwiebel und Knoblauch schälen und fein hacken, Salatgurke auf einer Reibe grob raspeln, mit der sauren Sahne verrühren und mit Pfeffer, fein gewiegtem Dill und ganz wenig Salz pikant abschmecken. Den Tzatziki-Quark auf die Brotscheiben verteilen, mit Dill, Borretsch und Tomaten garnieren.

Italienisches Knoblauch-Baguette

250 g Ricottakäse
100 ml Milch
150 g Salami am Stück
200 g frisch geriebener Parmesan
125 g weiche Butter
4–5 Knoblauchzehen
Salz
Paprikapulver, edelsüß
1 Baguette (ca. 300 g)

Den Ricottakäse in eine Schüssel geben und mit der Milch glatt rühren.
Die Salami würfeln und mit dem Parmesan zum Ricotta geben. Die Butter ebenfalls dazugeben. Die gepellten Knoblauchzehen dazupressen. Alles verrühren, mit etwas Salz und Paprika abschmecken. Das Brot alle 2 bis 3 cm schräg einschneiden und die Schnittstellen mit der Käsecreme bestreichen.
Das Brot fest in eine Alufolie einwickeln und im vorgeheizten Backofen bei 220 °C ca. 20 Minuten backen.
Das Baguette noch heiß in Scheiben schneiden und sofort servieren.

Russisches Knoblauchbrot

3 große Kalbs-Markknochen
etwas Fleischbrühe
8–10 Knoblauchzehen
2 EL gehackte Petersilie
Salz
Pfeffer
12 kleine Scheiben Graubrot

Knochen in eine Schale mit kaltem Wasser legen, über Nacht im Kühlschrank wässern. Mark aus den Knochen drücken und in Scheiben schneiden. In der Brühe 3 Minuten nur leicht ziehen lassen. Knoblauchzehen schälen, durchpressen, zusammen mit der Petersilie, reichlich Salz und sehr viel grobem Pfeffer zu dem abgetropften Mark geben.
Alles mit der Gabel vermischen. Auf die gerösteten, heißen Brotscheiben streichen und sofort servieren.

Gegrillter Feta mit Tomatenhack ▷

2 EL Olivenöl
3–4 Knoblauchzehen
1 Peperoni
1 Zwiebel
400 g Kuhmilchfeta in Folie oder 2 Scheiben in Salzlake
Oregano
schwarzer Pfeffer
20 schwarze, kernlose Oliven
2 Artischockenherzen
200 g getrocknete oder frische Tomaten
Thymian

Olivenöl mit den zerdrückten Knoblauchzehen verrühren. Peperoni waschen, Zwiebel pellen und beides in Ringe schneiden. Feta längs halbieren, sodass jede Scheibe nur noch halb so dick ist. Mit Knoblauchöl einpinseln und Fetascheiben einzeln auf ausreichend große Stücke Alufolie legen. Käse mit Oregano und Pfeffer würzen und mit Peperoni- und Zwiebelringen, Oliven und geviertelten Artischockenherzen verzieren. Alufolie zuklappen und etwa 10 Minuten grillen. Getrocknete oder auch frische Tomaten hacken, mit Thymian würzen und zum Käse reichen.
Dazu passt Fladenbrot.

Grüner Knoblauch-Schmalz

(für 4 Töpfchen à 1/4 l)

250 g Schweineflomen
250 g frischer Speck
1 Lorbeerblatt
1 Gewürznelke
2 Wacholderbeeren
250 g Zucchini
12 Knoblauchzehen
Salz
schwarzer Pfeffer
1 Prise Cayennepfeffer

Die Schweineflomen und den Speck in kleine Würfel schneiden und in einem schweren Topf bei mittlerer Hitze in etwa 20 Minuten langsam glasig ausbraten, dabei mehrmals umrühren. Dann das Lorbeerblatt, die Nelke und die Wacholderbeeren hinzufügen.
Die Zucchini waschen und in kleine Würfel schneiden. Die Knoblauchzehen schälen, quer in dünne Scheiben schneiden. Den Knoblauch mit den Zucchiniwürfeln unter den Speck rühren. Etwa 10 Minuten langsam weiterdünsten, bis sich alle Zutaten gut verbunden haben. Kräftig mit Salz, Pfeffer und dem Cayennepfeffer würzen. Das Schmalz in einen Topf oder kleine Tontöpfe von je 1/4 l Inhalt füllen und ganz auskühlen lassen.

Tomaten mit Zwiebelfüllung

▷

400 g Zwiebeln
6 EL Öl
75 g Blütenzarte Haferflocken
4 Knoblauchzehen
60 g grüne Oliven mit Paprikafüllung
30 g Kapern
1 Bund glatte Petersilie
Oregano
Salz
weißer Pfeffer
12 gleich große Tomaten
Knoblauchpulver
Fett für die Form

Die sehr fein gehackten Zwiebeln in erhitztem Öl in einer Pfanne glasig braten. Haferflocken unterrühren, Zwiebelmasse vom Herd nehmen und warm halten. Gepellte Knoblauchzehen durch eine Presse drücken, mit den gehackten Oliven und Kapern zu der Zwiebelmasse geben. Petersilie waschen, fein wiegen und ebenfalls dazugeben. Die Masse mit Oregano, Salz und Pfeffer abschmecken. Von den Tomaten flache Deckel abschneiden. Mit einem kleinen Löffel vorsichtig aushöhlen. Von innen mit wenig Salz und Knoblauchpulver ausstreuen, 10 Minuten ziehen lassen. Zwiebelmasse so in die Tomaten füllen, dass oben ein kleiner Berg entsteht. Die Saftpfanne oder eine Auflaufform fetten. Die Tomaten dicht an dicht hineinsetzen. Im Backofen bei 225 °C, mittlere Einschubleiste, 25 Minuten garen. Dazu kann eine Käsesauce, Crème fraîche und Stangenweißbrot gereicht werden.

Schneckentöpfchen

24 Weinbergschnecken
30 g Butter
80 g Schinken
3 Schalotten
3–4 Knoblauchzehen
2 Tomaten
1 Glas (2 cl) Cognac
1/8 l trockener Weißwein
1/8 l Sahne
1/2 Bund Petersilie
Salz
Pfeffer
1 Eigelb

Schnecken abtropfen lassen, den Sud dabei auffangen. Die Butter erhitzen, Schnecken, fein gewürfelten Schinken und die gehackten Schalotten darin leicht anbräunen. Die zerdrückten Knoblauchzehen mit den gehäuteten und entkernten Tomaten zufügen. Kurz durchschmoren, dann mit dem Cognac flambieren. Nach dem Ausbrennen Wein und Schneckensud angießen, 10 Minuten kochen lassen.

Dann die Sahne und die gehackte Petersilie einrühren, einmal aufkochen lassen. Mit Salz und Pfeffer abschmecken und vom Herd nehmen. Eigelb mit etwas Soße verquirlen und in das Gericht rühren.

Überbackene Kartoffelrösti

▷

1 Pckg. Kartoffeltaler oder Kartoffelrösti für den Backofen
300 g Knoblauchkäse
einige Kirschtomaten
Möhrenscheiben
grober Pfeffer
3–4 Knoblauchzehen
Basilikum, Zitronenmelisse, Koriander, Schnittlauch

Kartoffelrösti nach Anweisung im vorgeheizten Backofen bei 225 °C etwa 8 Minuten backen.
Inzwischen den Käse in Scheiben schneiden. Diese halbieren, sodass Dreiecke entstehen oder Kreise ausstechen. Kirschtomaten waschen, achteln, die Möhrenscheiben kurz in kochendem Wasser blanchieren, Kartoffelrösti wenden, mit Käsescheiben und den Tomatenachteln und Möhrenscheiben belegen. Im Backofen bei gleicher Temperatur weitere 12 Minuten backen. Nach Belieben mit grobem Pfeffer und fein gehacktem Knoblauch bestreuen. Mit Kräutern verzieren.

Cräcker mit Ziegenkäse-Olivenfüllung

(30 Stück)

250 g Mehl
1 Ei
150 g kalte Butter
2 TL feiner Zucker
Salz
30 g Sonnenblumenkerne
1 Fenchelknolle
Fett für das Backblech
1 Bund Schnittlauch
150 g schwarze Oliven
300 g Ziegenfrischkäse
30 ml Schlagsahne
4 Knoblauchzehen
Pfeffer aus der Mühle

Das Mehl mit dem Ei, Butter, Zucker und Salz verkneten. Die Sonnenblumenkerne grob hacken und in den Teig einarbeiten. Den Teig in Folie ca. 1 Stunde kühl stellen.
Den Teig halbieren und jeweils zwischen zwei Lagen Folie ca. 1/2 cm dick ausrollen. Mit Ausstechförmchen 30 Kreise von 5 cm Durchmesser und 30 Kreise von 6 cm Durchmesser ausstechen. Die Plätzchen auf ein gefettetes Backblech legen und im vorgeheizten Backofen bei 175 °C etwa 10 bis 15 Minuten backen.
Inzwischen die geputzte Fenchelknolle in Streifen schneiden und in leicht gesalzenem Wasser 4–5 Minuten kochen. Schnittlauch in Röllchen schneiden. Die Oliven in Scheiben schneiden. Den Ziegenfrischkäse zerdrücken und mit Sahne glatt rühren. Den abgetropften Fenchel in feine Würfel schneiden, mit Schnittlauch, Oliven und dem zerdrückten Knoblauch unter den Frischkäse heben. Mit Salz und Pfeffer abschmecken.
Die Plätzchen aus dem Backofen nehmen und auf einem Rost auskühlen lassen, die größeren Plätzchen mit der Käsecreme bestreichen und die kleineren daraufsetzen. Die Plätzchen auf einer Platte anrichten.

Kartoffelpuffer mit Kräuter-Frischkäse ▷

1 kg Kartoffeln
1 Zwiebel
5–6 EL Mehl
Salz
60 g Butter
je 1 Becher Sahne-Frischkäse und Kräuter-Frischkäse (à 125 g)
5 EL Milch
4 Knoblauchzehen
100 g Königs-Crevetten
1/2 Glas Keta-Kaviar (ca. 50 g)
Schnittlauch

Kartoffeln und Zwiebeln schälen, fein reiben und etwas abtropfen lassen. Mehl und Salz einarbeiten.
Etwa 50 g Butter in einer beschichteten Pfanne erhitzen und nacheinander je zwei Esslöffel der Kartoffelmasse hineingeben, etwas flachdrücken und von beiden Seiten knusprig ausbacken.
Die Frischkäsesorten mit jeweils der Hälfte der Milch cremig rühren. Restliche Butter erhitzen und den fein gehackten Knoblauch zugeben. Königs-Crevetten in der heißen Knoblauch-Butter von beiden Seiten je 1 Minute anbraten.
Die Kartoffelpuffer mit dem Frischkäse bestreichen und je nach Geschmack mit Keta-Kaviar, Königs-Crevetten und gehacktem Schnittlauch servieren.

Käse-Knoblauch-Crèpesröllchen

(für 3 Personen)

Für den Teig:
100 g Mehl
25 g Speisestärke
3 Eier
2 EL Öl
Salz

Für die Füllung:
100 g Doppelrahmfrischkäse
50 g Schafskäse
150 g Speisequark
3–4 Knoblauchzehen
2 Bund glatte Petersilie
30 g frisch geriebener Parmesankäse
4 EL Sahne
frisch gemahlener Pfeffer
2 Eier
200 ml Milch
Salz

Für den Crèpes-Teig Mehl, Speisestärke, Eier, Öl und 5 Esslöffel Wasser verrühren. Den Teig leicht salzen und 30 Minuten ruhen lassen.
Für die Füllung Frischkäse, Schafskäse, Quark, gepressten Knoblauch, gehackte Petersilie, Parmesankäse und Sahne verrühren. Mit Pfeffer abschmecken.
Aus dem Teig etwa zehn sehr dünne Crèpes backen.
Die Crèpes nebeneinander auslegen und mit der Füllung bestreichen. Aufrollen und in 5 cm lange Röllchen schneiden.
Die Röllchen aufrecht nebeneinander in eine gefettete Auflaufform setzen.
Eier, Milch und Salz verschlagen und darüber gießen.
Die Crèpesröllchen in den auf 200 °C vorgeheizten Backofen schieben und 25 Minuten überbacken.

Pellkartoffeln mit Landrahm-Dips ▷

1,2 kg Pellkartoffeln
100 g Landrahm mit Kräutern
100 g Landrahm mit Knoblauch
100 g Landrahm mit Meerrettich
4 Knoblauchzehen
1 Bund Radieschen
1/2 Bund Schnittlauch

Kartoffeln unter kaltem Wasser gründlich säubern und mit der Schale als Pellkartoffeln garen. Den cremig gerührten Landrahm mit dem durchgepressten Knoblauch vermengen.
Mit Radieschen und Schnittlauchröllchen servieren.

Crostini-Teller Toscanello *(Abb. S. 79)*

4 Strauchtomaten
1 TL gehackte Kräuter
2 EL gehackte Mandeln
1 Becher Mascarpone (250 g)
50 g Ziegenkäse
4 EL Olivenöl
5 Knoblauchzehen
Salz
grob geschroteter schwarzer Pfeffer
3 Bund Basilikum
1 EL Pinienkerne
1 EL geriebener Parmesan
1 Stangenweißbrot
10 schwarze Oliven

Tomaten kreuzweise einschneiden, überbrühen, häuten, vierteln, Kerne entfernen. Das Fruchtfleisch fein würfeln und gehackte Kräuter darunter geben. Gehackte Mandeln ohne Fett anrösten. Mascarpone (3 Esslöffel zurückbehalten) und Ziegenkäse mit einem Esslöffel Olivenöl pürieren. Knoblauchzehen abziehen, zwei zerdrücken und zu der Mascarponecreme geben. Mit Salz und Pfeffer pikant abschmecken.
Basilikumblätter abzupfen (einige zurücklegen), waschen, trockentupfen und mit gerösteten Pinienkernen, einem Esslöffel Olivenöl und Parmesan pürieren. Zwei Knoblauchzehen zerdrücken und alles mit dem restlichen Mascarpone verrühren, mit Salz und Pfeffer abschmecken.
Stangenbrot in Scheiben schneiden und im vorgeheizten Backofen bei 200 °C ca. 10 Minuten rösten. Ein Drittel der Scheiben mit einer Knoblauchzehe abreiben und mit restlichem Olivenöl bestreichen, Tomatenwürfel darauf verteilen, salzen und pfeffern und die gerösteten Mandeln darauf geben. Ein Drittel der Brotscheiben mit der Mascarpone-Ziegenkäsecreme bestreichen und auf das letzte Drittel das Basilikum-Pesto verteilen. Crostinis mit Basilikumblättern und Oliven dekorieren.
Dazu ein trockener italienischer Rotwein.

Gefüllte Kartoffeln

▷

8 Kartoffeln (à 100 g)
1 Zwiebel
3–4 Knoblauchzehen
1 rote Paprikaschote
100 g Mais (aus der Dose)
2 EL Olivenöl
30 g Butter
1/2 Becher Sahne (100 ml)
1 Bund Petersilie
1 Bund Schnittlauch
150 g Frischkäse
100 g geriebener Greyerzer
2 EL extra scharfen Senf
Salz, Pfeffer
Muskat
Paprikapulver

Kartoffeln waschen und etwa 20 Minuten garen. Zwiebel und Knoblauchzehen abziehen und fein würfeln. Paprika waschen, halbieren, entkernen und in Würfel schneiden. Mais abtropfen lassen. Zum Garnieren etwas Mais und Paprikawürfel zurücklegen. Öl erhitzen und das Gemüse darin andünsten. Butter und Sahne unterrühren, etwas einkochen lassen. Petersilie und Schnittlauch klein hacken, etwas zum Garnieren zurückbehalten und den Rest dazugeben. Frischkäse, Greyerzer und Senf untermischen. Die obere Hälfte der Kartoffeln pellen und mit einem Teelöffel aushöhlen. Die Masse durch die Kartoffelpresse drücken und mit der Frischkäsecreme verrühren. Mit Salz, Pfeffer, Muskat und Paprikapulver abschmecken. Kartoffeln zur Hälfte in Alufolie einpacken, mit der Creme füllen und etwa 10 Minuten bei 225 °C im Ofen überbacken. Mit gehackten Kräutern, restlichem Mais und Paprika garnieren.

Pikante Möhrentorte

Für den Teig:
250 g Mehl
150 g weiche Butter
1 Eigelb
Salz, Zucker
Mehl zum Ausrollen

Für den Belag:
600 g Möhren
1 Bund Frühlingszwiebeln
2 Eier
150 g Mandeln, gemahlen
Salz, weißer Pfeffer
Koriander, gemahlen
1 EL zerlassene Butter
125 g Mozzarella

Aus Mehl, Butter, Eigelb und jeweils einer Prise Salz und Zucker einen Mürbeteig zubereiten. Kühl stellen. Die Möhren putzen und fein raffeln. Die Frühlingszwiebeln putzen und in feine Ringe schneiden. Die Eier trennen. Eiweiß zu steifem Schnee schlagen. Eigelb, Mandeln und Zwiebeln unter die Möhren mischen. Mit Salz, Pfeffer und Koriander würzen, dann den Eischnee unterziehen. Den Teig auf der bemehlten Arbeitsfläche ausrollen und in eine gefettete Tarteform drücken. Die Füllung darauf streichen. Die Torte im vorgeheizten Backofen bei 200 °C ca. 15 Minuten vorbacken. Den gewürfelten Mozzarella darüber streuen und weitere 15 Minuten backen.

Lauchzwiebel-Knoblauch-Kuchen

(12 Stücke)

Für den Teig:
380 g Mehl
1 Ei
200 g Butter
Salz

Für den Belag:
1 Becher Crème fraîche (200 g)
2 Eier
Salz, Pfeffer
100 g geriebener Gouda
80 g Magerquark
1/2 Becher Schlagsahne (100 g)
1 Bund Lauchzwiebeln
1 frische Knoblauchknolle
Mehl zum Ausrollen
Fett für die Form
evtl. 1 Eigelb

Mehl, Ei, weiches Fett, Salz und drei Esslöffel Wasser zu einem glatten Teig verkneten. Teig kalt stellen.
Für den Belag Crème fraîche, Eier, Salz, Pfeffer, Käse und Quark verrühren. Sahne nach und nach unterrühren. Lauchzwiebeln putzen und längs halbieren. Knoblauch abziehen und die einzelnen Zehen längs durchschneiden.
Teig auf etwas Mehl ausrollen und in eine gefettete Pie-Form (Durchmesser 24 cm) legen. Dabei ewas Teig über den Formenrand hängen lassen. Käsecreme einfüllen und die Lauchzwiebeln und die Knoblauchzehen darauf geben. Teigränder über die Käsecreme klappen. Form in den Backofen schieben, auf 200 °C schalten und 20 bis 40 Minuten backen.
Zehn Minuten vor Ende der Backzeit die Teigränder eventuell mit Eigelb bestreichen.
Pie warm servieren.

Abb. S. 111
Zucchini-Feta-Gratin
(Rezept S. 114)

Gemüse – gesunde Köstlichkeiten

Überbacken Auberginen ▷

750 g Auberginen, geschält, in 1 cm dicken Scheiben
Salz
Mehl
1/2 Tasse Olivenöl
2–3 Knoblauchzehen
500 g passierte Tomaten
250 g Mozzarella, in feinen Scheiben
50 g Parmesan, gerieben

Eine flache, feuerfeste Form mit Öl einreiben. Die Auberginenscheiben auf beiden Seiten mit Salz bestreuen und auf eine Platte oder ein Brett legen. Nach 20–30 Minuten mit Küchenkrepp abtrocknen. Jede Scheibe in Mehl tauchen und die überflüssige Menge abschütteln. In einer schweren, 25–30 cm großen Pfanne einen Teil des Öls erhitzen. Jeweils einen Teil der Auberginenscheiben darin bräunen. Wenn das Öl einkochen sollte, weiteres hinzufügen. Die gebräunten Auberginen jeweils zum Abtropfen auf Küchenkrepp legen. Anschließend den Ofen auf 200 °C vorwärmen. Die Knoblauchzehen durch eine Presse drücken und mit der Tomatensoße vermischen. Die Soße 1 cm hoch in die feuerfeste, geölte Form gießen. Die abgetropften Auberginenscheiben darauf legen, eine Schicht Mozzarellascheiben darüber legen und mit einem Teil des geriebenen Parmesans bestreuen. Den Vorgang ein- oder zweimal wiederholen (je nach Fassungsvermögen der Backform), wobei man beachten sollte, dass die oberste Schicht aus Tomatensoße, Mozzarella und Parmesan besteht. Die Form gut mit einer Alufolie zudecken und auf der mittleren Schiene 20 Minuten backen. Die Folie entfernen und weitere 10 Minuten backen.

Saurer Lauch in Olivenöl

500 g Lauch
150 g Zwiebeln, in feinen Scheiben
50 ml Olivenöl
25 g Tomatenpüree
4 Knoblauchzehen, fein gehackt
einige Stängel Petersilie, gehackt
je 1 TL Salz und Zucker
600 ml Brühe
25 ml Zitronensaft

Den Lauch in sehr feine Streifen schneiden, in etwas Wasser 2–3 Minuten andünsten. Abgießen, in eine feuerfeste Kasserolle geben. Die Zwiebeln 4–5 Minuten in dem Öl braten. Tomatenpüree zugeben und 1 Minute rühren. Knoblauch und Petersilie hinzufügen, mit Salz und Zucker bestreuen und vom Feuer nehmen. Die Zwiebelmischung über den Lauchstreifen verteilen, die Brühe angießen und zudecken. Zum Kochen bringen, den Zitronensaft zugeben, dann bei schwacher Hitze garen, bis das Gemüse weich ist. Die Kasserolle unter dem Grill noch 10 Minute bräunen. Erkalten lassen.

Aubergine „Extra“

▷

400 g Auberginen
Kräutersalz
Kurkumapulver
Mehl zum Bestäuben
4 Fleischtomaten
1 gelbe Paprika
200 g Zucchini
1 Zwiebel
3 Knoblauchzehen
6 EL Öl
1 EL Senf
Pfeffer
Tomatenmark
Zucker
Salz

Auberginen waschen, vom Stielansatz befreien und in etwa 1/2 cm dicke Scheiben schneiden. Diese mit reichlich Salz und Kurkumapulver einreiben. Die Scheiben anschließend mit Mehl bestäuben. Die Tomaten häuten, entkernen und in Würfel schneiden. Paprika waschen, putzen und in Würfel schneiden. Anschließend die Zucchini waschen, den Stielansatz entfernen und mit einem Ausstecher Kugeln ausstechen. Zwiebel und Knoblauchzehen abziehen und fein würfeln. 4 EL Speiseöl in einer Pfanne erhitzen und die Auberginen darin goldbraun braten. Auf Küchenpapier abtropfen lassen. In die gleiche Pfanne 2 EL Speiseöl geben und bei schwacher Hitze Zwiebel und Knoblauch anbraten. Erst Paprika hinzufügen und etwas braten lassen, dann die Zucchini und zum Schluss die Tomaten hinzufügen, alles schmoren lassen, bis sich etwas Soße bildet, mit Senf, Pfeffer, Tomatenmark, Zucker und Salz abschmecken. Aubergine mit der Gemüsemischung auf einem Teller anrichten. Dazu schmeckt frisches Baguette.

Zucchini-Feta-Gratin (Abb. S. 111)

1 kg Zucchini
1 Gemüsezwiebel (350 g)
600 g Fleischtomaten
5 EL Olivenöl
Salz
3 TL Kräuter der Provence
3–4 Knoblauchzehen
Pfeffer
200 g Kuhmilchfeta in Folie oder in Salzlake

Zucchini waschen, Blütenansatz und Enden abschneiden und längs in feine Streifen schneiden. Gemüsezwiebel abziehen, vierteln und in Streifen schneiden. Tomaten mit heißem Wasser überbrühen und Schale abziehen. Tomaten in Stücke schneiden. Zucchini in 2 EL Olivenöl ca. 15 Minuten braten, salzen und in eine Auflaufform schichten. Zwiebel mit Kräutern der Provence in 2 EL Olivenöl glasig dünsten, Tomaten und fein gehackte Knoblauchzehen dazugeben, die Flüssigkeit etwas verkochen lassen. Tomaten-Zwiebel-Mischung mit Salz und Pfeffer würzen und auf die Zucchini schichten. Feta in Scheiben schneiden und den Auflauf damit belegen. Restliches Olivenöl über den Auflauf träufeln und bei 180 °C 20 Minuten überbacken.

Gefüllte Fleischtomaten ▷

4 Fleischtomaten (800 g)
100 g Zwiebeln
3–4 Knoblauchzehen
400 g Spinat
Salz
125 g Mozzarella
20 g Semmelbrösel
20 g Butter
weißer Pfeffer
1 TL Öl für die Form

Die Tomaten waschen, einen Deckel abschneiden und die Frucht mit einem kleinen Löffel aushöhlen. Mit der Öffnung nach unten auf Küchenpapier gut abtropfen lassen. Die Zwiebeln und den Knoblauch schälen und sehr fein hacken, den Spinat putzen und gründlich waschen. In Salzwasser kurz blanchieren, abseihen und etwas ausdrücken. Den Mozzarella klein würfeln und mit den Semmelbröseln vermischen. Die Butter in der Pfanne zerlassen, die Zwiebel und Knoblauchwürfelchen zugeben und glasig braten. Den Spinat zugeben, mischen und mit Salz und Pfeffer abschmecken. Etwas abkühlen lassen. Eine feuerfeste Form mit dem Öl ausstreichen. Die Tomaten mit der Spinatmischung füllen und mit den Mozzarellawürfeln belegen. Im vorgeheizten Backofen bei 190 °C 20–25 Minuten backen.

Ratatouille

150 g Gemüsezwiebeln
300 g Auberginen
1 kleine rote Paprikaschote
1 kleine gelbe Paprikaschote
300 g Zucchini
300 g Tomaten
4 Knoblauchzehen
3 EL Olivenöl
1 EL Tomatenmark
Salz, Pfeffer
1 TL getrocknete Kräuter der Provence

Die Zwiebeln abziehen und grob hacken. Das Gemüse putzen, die Paprikaschoten entkernen. Das Gemüse waschen und in gleichmäßig große Würfel schneiden.
Die Knoblauchzehen abziehen und fein hacken. Das Olivenöl in einem Topf erhitzen und die Auberginenwürfel darin scharf anbraten. Die Hitze reduzieren und die Zwiebeln zugeben. Wenn sie glasig sind, die Gemüsewürfel bis auf die Tomaten untermischen und kurz mitdünsten. Dann die Tomatenstücke, den Knoblauch, das Tomatenmark, Salz, Pfeffer und die Kräuter zufügen.
Das Gemüse im halbgeschlossenen Topf bei kleiner Hitze 25 Minuten köcheln lassen, dabei gelegentlich umrühren. Das Gemüse soll weich werden, aber nicht zerfallen.
Passt sehr gut zu gebratenem Lamm oder Fisch.

Gemüse-Kasserolle mit Schafskäse

▷

(für 6 Portionen)

300 g TK-Brechbohnen
1 Aubergine
Salz
1 Zwiebel
je 1 rote und gelbe Paprikaschote
2 TL Sonnenblumenöl
1 EL Olivenöl
3–4 Knoblauchzehen
2 Beutel Gewürzmischung für Zucchini-Moussaka
2 Fleischtomaten
3 kleine Zucchini

Bohnen auftauen lassen. Aubergine waschen, putzen, längs schälen, dabei einige Streifen von der Schale stehen lassen. Aubergine in grobe Stücke schneiden. Mit Salz bestreuen, ca. 15 Minuten ziehen lassen und trockentupfen. Die Zwiebel schälen und in Scheiben schneiden. Die Paprikaschoten waschen, putzen und in Stücke schneiden. Sonnenblumenöl und Olivenöl heiß werden lassen und Gemüse darin anbraten, Knoblauch dazupressen. 600 ml Wasser zugießen, die Gewürzmischung einrühren und alles in eine flache Auflaufform geben.
Die Fleischtomaten brühen, die Haut abziehen, Kerne entfernen und in Achtel schneiden. Die Zucchini waschen, putzen und in 1/2 cm dicke Scheiben schneiden, mit den Tomaten auf dem Auflauf verteilen und im vorgeheizten Backofen bei 200 °C ca. 45 Minuten backen.

Baskisches Paprikagemüse

je 1 rote und grüne Paprikaschote
200 g Strauchtomaten
1 Zwiebel
2–3 Knoblauchzehen
100 ml Olivenöl
Salz
frisch gemahlener Pfeffer
1 Zweig Rosmarin

Die Paprikaschoten putzen, entkernen, waschen und in Würfel schneiden. Die Tomaten kurz in kochendem Wasser blanchieren, häuten, halbieren und die Kerne entfernen. Das Tomatenfleisch würfeln. Die Zwiebel und die Knoblauchzehen abziehen und grob hacken. Das Olivenöl in einer Kasserolle erhitzen und Zwiebel und Knoblauch darin anschwitzen. Dann die Paprikaschoten und die Tomaten zugeben, mit Salz und Pfeffer würzen und den Rosmarin einlegen. Das Gemüse im offenen Topf bei guter Mittelhitze etwa 10 Minuten kräftig durchkochen.

Pikant gefüllte Gemüse mit PomPoms

▷

2 mittelgroße Zucchini
4 Tomaten
1 Zwiebel
100 g Champignons
1 EL Öl
100 g Frischkäse
1 Ei
3–4 Knoblauchzehen
Salz
Pfeffer
Thymian
Paprikapulver
Majoran
1 Packung PomPoms oder Kroketten

Zucchini putzen, waschen, halbieren und in kochendem Wasser kurz blanchieren. Fruchtfleisch bis auf einen Rand aushöhlen. Tomaten waschen, Deckel abschneiden und Kerne entfernen. Abgezogene Zwiebel, geputzte Champignons und Zucchinifleisch würfeln. In erhitztem Öl andünsten. Frischkäse und Ei unterrühren. Knoblauchzehen abziehen und zerdrückt in die Gemüsemasse rühren. Masse mit den Gewürzen abschmecken und in die Zucchinihälften und Tomaten füllen. Mit den PomPoms oder Kroketten auf ein Backblech geben und im vorgeheizten Backofen bei 225 °C etwa 20 Minuten backen.

Knoblauch-Mangold-Sülze

18 frische Knoblauchzehen
3/8 l kräftige Hühnerbrühe
1 Bund Mangold
4 hart gekochte Eier
6 Blatt weiße Gelatine
1 Zitrone, ausgepresst
Salz
Pfeffer

Die Knoblauchzehen bis auf zwei Stück in der Schale etwa drei Minuten in der Brühe blanchieren und anschließend die Schale abziehen. Das geputzte Gemüse in der Knoblauchbrühe ebenfalls blanchieren, die Stängel sollen bissfest bleiben. Gut abtropfen lassen und zusätzlich leicht ausdrücken. Das Gemüse grob hacken, den blanchierten Knoblauch in Stifte, die Eier in Scheiben schneiden. Gelatine nach Vorschrift einweichen und mit wenig Brühe auflösen. Unter die restliche (nicht zu kalte) Brühe rühren, mit Zitronensaft, Salz und Pfeffer abschmecken. Restlichen frischen Knoblauch mit 1 Prise Salz sehr fein hacken oder auspressen und unter die Gelierbrühe rühren. Den Boden einer großen Schüssel (oder vier kleinen) mit der Brühe ausgießen, erstarren lassen. Eischeiben und Knoblauchstifte darauf arrangieren. Das Gemüse mit der übrigen Brühe vermischen und schichtweise mit restlichen Eischeiben und Knoblauchstiften einfüllen. Zum Erstarren 2–3 Stunden kalt stellen.
Auf Salatblättern anrichten und mit einer milden Mayonnaise oder Vinaigrette servieren.

Gemüse-Bohnen-Pfanne mit Feta

▷

500 g Kartoffeln
1 grüne Paprikaschote
1 Zwiebel
2 Stangen Lauch
3 Knoblauchzehen
2–3 EL Sonnenblumenöl
1 Dose Tomaten (800 g)
2 Dosen Kidneybohnen (à 225 g Abtropfgewicht)
Oregano
Thymian
Salz, Pfeffer
Chilipulver
Zucker
1 Scheibe Kuhmilchfeta in Salzlake (150 g)

Kartoffeln waschen, schälen und würfeln. Paprika waschen und in Streifen schneiden. Zwiebel schälen und würfeln. Lauch in Ringe schneiden und waschen. Knoblauch schälen und mit der Gabel zerdrücken. Kartoffeln im heißen Öl unter mehrmaligen Wenden 10 Minuten braten. Paprika, Zwiebel, Knoblauch und Lauch dazugeben und 10 Minuten dünsten. Mit dem gesamten Inhalt der Tomatendose ablöschen. Bohnen gut abtropfen lassen und zugeben. Mit Oregano und Thymian gut vermischen. 20 Minuten schmoren lassen. Mit Salz, Pfeffer, Chilipulver und Zucker abschmecken. Feta-Käse zerbröckeln und vor dem Servieren über die Bohnenpfanne streuen.

Gurken-Paprika-Tomatentopf

3 Zwiebeln
1 Salatgurke
3 rote Paprikaschoten
250 g Tomaten
100 g durchwachsener Speck
3–4 Knoblauchzehen
Salz
Pfeffer
Basilikum, Kerbel
1/2 Bund Petersilie
1/2 Bund Dill
1/8 l saure Sahne

Zwiebeln und Gurke schälen, Paprika putzen, Tomaten enthäuten und entkernen. Alles in Würfel schneiden. Speck fein würfeln und in einem Schmortopf ausbraten. Zwiebeln darin glasig werden lassen. Zerdrückten Knoblauch mit dem Gemüse hinzugeben. Mit Salz, Pfeffer, Basilikum und Kerbel würzen und zugedeckt etwa 15 Minuten schmoren. Während der letzten 5 Minuten den Deckel abnehmen, damit die Flüssigkeit einkochen kann, abschmecken. Petersilie und Dill hacken, beides untermischen und das Gemüse anrichten. Sahne in die Mitte geben und ohne umzurühren servieren.

Katalanische grüne Bohnen ▷

4 Eier
1 große, rote Paprikaschote
1 Zwiebel
3 Knoblauchzehen
1 kleines Bund Petersilie
5 EL Olivenöl
2 Pck. grüne TK-Bohnen (à 300 g)
1 kleiner Zweig Bohnenkraut
1/8 l Rotwein
1 Pck. Pizzatomaten (400 g)
50 g schwarze Oliven
Salz
Pfeffer

Eier hart kochen, unter kaltem Wasser abschrecken und pellen. Paprikaschote putzen, entkernen, waschen und in Streifen schneiden. Zwiebel und Knoblauchzehen abziehen, Zwiebel würfeln, Knoblauch zerdrücken. Petersilie waschen und abtropfen lassen. Olivenöl erhitzen, Zwiebelwürfel und Knoblauch darin glasig dünsten.
Paprikastreifen, grüne Bohnen unaufgetaut und den Zweig Bohnenkraut zufügen und mit anschwitzen. Mit Rotwein ablöschen und ca. 10 Minuten schmoren lassen, evtl. noch 1/8 l Wasser angießen. Petersilie und Eier klein hacken. Den Zweig Bohnenkraut entfernen. Pizzatomaten, Oliven, Petersilie und Eier unterheben. Mit Salz und Pfeffer würzen und auf einer vorgewärmten Platte anrichten.

Bohnen mit Tomaten und Knoblauch

500 g Tomaten
1 Schalotte
2 Knoblauchzehen
250 g grüne Bohnen
1 EL Olivenöl
Salz
frisch gemahlener Pfeffer
2 EL gehacktes frisches Basilikum

Die Tomaten mit kochendem Wasser überbrühen, abschrecken und enthäuten. Tomaten halbieren, entkernen und grob hacken. Die Schalotte und den Knoblauch fein hacken. Die Bohnen putzen und in Stücke schneiden. Öl in einem großen Topf erhitzen. Schalotte und Knoblauch hineingeben und 2–3 Minuten braten. Tomaten dazugeben und etwa 10 Minuten unter häufigem Umrühren kochen, bis die Flüssigkeit verdampft ist und die Tomaten weich sind. Mit Salz und Pfeffer abschmecken.
Einen großen Topf Salzwasser zum Kochen bringen und die Bohnen darin 4–6 Minuten garen. Bohnen abgießen und zusammen mit dem Basilikum in die Tomatenmischung rühren und noch einmal 1–2 Minuten kochen.

Gefüllter Kürbis

▷

(für 6–8 Personen)

1 mittelgroßer Kürbis (35 cm Ø)
Sojasoße
Salz
Pfeffer
2 Zwiebeln
6 Frühlingszwiebeln
4 Möhren
100 g Butter
40 g Sonnenblumenkerne
200 g Kernige Haferflocken
4 Knoblauchzehen
1/2 l Brühe

Vom Kürbis einen Deckel von 18–20 cm Ø abschneiden. Aus dem Unterteil alle Kerne und harten Fasern herauskratzen. Die Innenwände mit Sojasoße beträufeln und mit Salz und Pfeffer ausstreuen. Den Kürbis zur Seite stellen, damit das Fruchtfleisch marinieren kann. In der Zwischenzeit die Füllung herstellen. Die Zwiebeln pellen und in kleine Würfel schneiden, die Frühlingszwiebeln ebenfalls (das Grün mitverwenden), Möhren schaben und auch klein schneiden. Alles zusammen in einem Topf mit der Butter anschmoren. Die Sonnenblumenkerne und die Haferflocken dazugeben. Die Knoblauchzehen pressen und zusammen mit der Brühe über die Gemüsemasse geben. Vom Herd nehmen und gut verrühren, sodass eine Füllmasse entsteht, diese in den marinierten Kürbis geben. Den ausgeschnittenen Deckel wieder genau einpassen und den Kürbis in eine flache feuerfeste Form oder auf die Saftpfanne setzen. Im Ofen bei 220 °C gut 1 Stunde backen, bis die Kürbisschale Blasen wirft. Ab und zu etwas heißes Wasser in die Form gießen. Sehr heiß servieren, die Füllung portionsweise herausschöpfen und dabei immer etwas weiches Kürbisfleisch mit ablösen.

Bohnen auf spanische Art

500 g Brechbohnen
Bohnenkraut
Salz
3 mittlere Zwiebeln
3 EL Olivenöl
4 Knoblauchzehen
150 g geräucherter Schinken, gewürfelt
schwarzer Pfeffer

Bohnen waschen, putzen und brechen und mit dem Bohnenkraut in Salzwasser 10 Minuten kochen. Abgießen und 1/2 Tasse des Bohnenwassers aufheben. Zwiebeln hacken und in dem Öl 5 Minuten dünsten. Den Knoblauch über der Pfanne ausdrücken und zwei weitere Minuten mitdünsten. Das Bohnenwasser und die Bohnen zugeben und ca. 10 Minuten garen. Wenn die Bohnen gar sind, den gewürfelten Schinken unterheben und mit schwarzem Pfeffer würzen. Dazu schmecken junge Pellkartoffeln.

Gemüsetopf „Gärtnerinnen Art"

▷

2 große Gemüsezwiebeln
4–6 Knoblauchzehen
ca. 1,5 kg Gemüse (Paprika, Zucchini, Tomaten, evtl. Gurken, Champignons, Auberginen, Blumenkohl usw.)
4 EL Olivenöl
1/4 l Gemüsebrühe (Reformhaus)
Meersalz
schwarzer Pfeffer aus der Mühle
Kurkumawurzeln
1/2 TL Honig
1 Bund glatte Petersilie oder Thymian
3–4 EL gekeimte Weizenkörner (Reformhaus)

Zwiebeln in Scheiben schneiden und Knoblauch zerdrücken. Das Gemüse, je nach Sorte, in Streifen oder Achtel schneiden und alles zusammen in heißem Olivenöl andünsten. Mit der Gemüsebrühe aufgießen und mit Salz, Pfeffer, Kurkuma und Honig würzen. Im geschlossenen Topf ca. 15 Minuten garen. Die geschnittene Petersilie und die gekeimten Körner zugeben und unterrühren.

TIPP

Der Gemüsetopf lässt sich mit einem Becher Crème fraîche verfeinern. Dazu passen Kartoffelgratin oder Vollkornnudeln.

Buntes Frühlingsgemüse

250 g Kohlrabi
350 g junge Möhren
250 g Zuckerschoten
150 g Spinat
1/2 Bund Frühlingszwiebeln
3 Knoblauchzehen
3 EL Butter
Salz, Pfeffer
1/8 l Gemüsebrühe
5 EL Kräuterfrischkäse
Saft von 1/2 Zitrone
1 Hand voll Kerbel

Den Kohlrabi und die Möhren schälen und in kleine Würfel schneiden. Die Zuckerschoten waschen und in Rauten schneiden. Den Spinat waschen, gut abtropfen lassen und von den Stielen befreien. Die Frühlingszwiebeln putzen, waschen und mit dem hellen Grün in feine Ringe schneiden. Den Knoblauch schälen. Die Butter in einer Pfanne erhitzen. Den Knoblauch durch die Presse dazudrücken. Die Möhren und den Kohlrabi dazugeben und etwa 4 Minuten dünsten, dabei öfter umrühren. Die Zuckerschoten, den Spinat und die Zwiebeln untermischen. Alles salzen, pfeffern und mit der Gemüsebrühe aufgießen. Den Deckel aufsetzen und das Gemüse etwa 15 Minuten garen. Den Frischkäse mit dem Zitronensaft glatt rühren, unter das Gemüse mischen und nochmals abschmecken. Den Kerbel abbrausen, von den Stängeln befreien und die Blättchen auf das fertige Gemüse streuen.

Kernige Gemüsepfanne

▷

(für 6 Personen)

4 Knoblauchzehen
2 frische, grüne Pfefferschoten
2 EL Pflanzenöl
1 EL Curry
200 g Kernige Haferflocken
1/2 l (Instant-)Gemüsebrühe
1 Bund Frühlingszwiebeln
250 g Möhren
1 kleine Zucchini
4 EL Sahne
2 Becher Vollmilchjogurt (à 150 g)
1/8 l Sahne, Pfeffer
1 Bund Schnittlauch

Knoblauchzehen pellen und fein hacken. Pfefferschoten längs halbieren, entkernen und in feine Streifen schneiden, Knoblauch in 1 EL Öl andünsten und Curry einstreuen.
Kernige Haferflocken zugeben und Gemüsebrühe angießen. Zugedeckt ca. 10 Minuten quellen lassen. Inzwischen die Frühlingszwiebeln putzen, waschen und in feine Ringe schneiden. Möhren putzen, zusammen mit der Zucchini waschen und würfeln. 1 EL Öl erhitzen. Pfefferschoten, Frühlingszwiebeln, Möhren und Zucchini im heißen Öl bei mittlerer Hitze ca. 5 Minuten dünsten. Sahne zugeben. Das Gemüse mit den gequollenen Haferflocken vermischen und ca. 2 Minuten ziehen lassen.
Jogurt mit Sahne, Pfeffer und klein geschnittenem Schnittlauch verrühren. Die Soße zur Gemüsepfanne servieren.

Baskische Gemüsepfanne

750 g Auberginen
Salz
200 g Zwiebeln
je 2 rote und gelbe Paprikaschoten
400 g Fleischtomaten
6 EL Olivenöl
4 Knoblauchzehen
Pfeffer
1 EL getrockneter Thymian
4–8 Eier

Auberginen waschen, in Scheiben schneiden, mit Salz bestreuen, 10 Minuten einziehen lassen, dann mit Küchenkrepp abtupfen. Zwiebeln in Ringe, geputzte Paprikaschoten in Streifen schneiden. Tomaten häuten und achteln. In zwei Pfannen je 3 EL Olivenöl erhitzen. In jede Pfanne eine Hälfte der Zwiebelringe geben und glasig werden lassen. Dann das vorbereitete Gemüse auf die Pfannen verteilen und langsam schmoren lassen. Mit je 2 pürierten Knoblauchzehen, Salz, Pfeffer und Thymian würzen und schmoren, bis das Gemüse gar und der Gemüsesaft weitgehend verdunstet ist. Die Hitze reduzieren und über jeder Pfanne die Hälfte der Eier aufschlagen. Das Eiweiß mit einer Gabel vorsichtig zerteilen. Braten, bis die Eier gestockt sind.

Vollkornomelett mit Blattspinat

▷

250 g Weizenvollkornmehl
4 Eier
1 Prise Salz
450 ml Milch
30 g flüssige Butter
1 EL Speiseöl
1 Zwiebel
3–4 Knoblauchzehen, gehackt
600 g TK-Blattspinat
100 ml Sahne
Muskat
Pfeffer
2 EL Schnittlauchröllchen
Öl für die Form
200 g gestiftelter Edamer
1 kleine Dose Tomatenwürfel (400 g)
1 Becher saure Sahne
3 TL Sesam

Weizenvollkornmehl, Eier, Salz, Milch und flüssige Butter zu einem glatten Teig verrühren und 20 Minuten ruhen lassen. Öl erhitzen, gehackte Zwiebel und Knoblauch hinzugeben und glasig dünsten. Gefrorenen Spinat mit Sahne hinzufügen, langsam auftauen lassen und mit Muskat, Salz und Pfeffer würzen. Schnittlauchröllchen hinzugeben. Vollkornteig nochmals durchrühren und nacheinander 8 dünne Pfannkuchen backen. Auflaufform einfetten. Pfannkuchen mit Spinat und der Hälfte der Käsestiftel füllen und in die Form legen. Tomatenwürfel und saure Sahne darauf verteilen. Restlichen Käse und Sesam darüber streuen und bei 180 °C ca. 15–20 Minuten überbacken.

Gratinierter Spinat

180 g Butter
1 kg Blattspinat
Salz
2 Schalotten
3–4 Knoblauchzehen
1 Prise Muskatnuss
2 EL Weißwein oder Fond
2 Eigelb
weißer Pfeffer

160 g Butter für die Sauce Hollandaise klären. Spinat verlesen, gründlich waschen und tropfnass in einen Topf geben. Zugedeckt bei schwacher Hitze 2 bis 3 Minuten zusammenfallen lassen, einmal wenden und salzen. Die Schalotten und die Knoblauchzehen abziehen und fein hacken. 20 g Butter in einer Pfanne aufschäumen lassen, Schalotten und Knoblauch darin glasig dünsten. Spinat in der Pfanne wenden, mit Muskatnuss würzen und warm halten. Für die Sauce Hollandaise Wein oder Fond mit Eigelb, Salz und Pfeffer in eine Schüssel geben und glatt schlagen. Die geklärte Butter einmal aufkochen, vom Herd nehmen. Butter langsam unter ständigem Schlagen eingießen, bis die Soße schaumig und dicker wird. 4 ofenfeste Förmchen mit je 1 EL Soße ausstreichen. Spinat in die Förmchen verteilen und die restliche Soße darüber gießen. Unter dem vorgeheizten Grill 2–3 Minuten gratinieren.

Fenchelgratin

▷

4 Fenchelknollen
3–4 Knoblauchzehen
1 gemischtes Bund Kräuter aus Schnittlauch, Petersilie, Dill
200 g Frischkäse
100 g geriebener Parmesan
150 g Crème fraîche
200 ml Milch
2 TL Senf, mittelscharf
1 Ei
Salz, Pfeffer
4 Fleischtomaten
Fett für die Form

Fenchelknollen putzen, waschen, Schnittstellen nachschneiden, die Knollen längs halbieren. Im Topf ca. 10 Minuten gar kochen. Knoblauch abziehen, Kräuter waschen, trockentupfen und beides klein hacken. Mit Frischkäse, Parmesan, Crème fraîche, Milch, Senf und Ei vermischen, mit Salz und Pfeffer abschmecken. Fenchel aus dem Topf nehmen und in dünne Scheiben schneiden. Tomaten waschen, ebenfalls in Scheiben schneiden und abwechselnd mit dem Fenchel in eine gefettete Auflaufform schichten. Frischkäsecreme über das Gemüse geben und nach Wunsch mit Fenchel- und Tomatenscheiben garnieren. Auflauf 10 Minuten bei 225 °C gratinieren und mit italienischem Brot servieren.

Bohnen auf Knoblauchschaum

1,5 kg dicke Bohnen
Salz
3 EL Walnussöl
Saft von 2 Zitronen
1 Msp. Cayennepfeffer
schwarzer Pfeffer
2 Eier
1 Eigelb
1/4 l kalte Hühnerbrühe
2 Knoblauchzehen
1 Prise Muskatnuss
250 g Lachsschinken, in Scheiben
1 Zweig Estragon

Die Bohnen aus den Schoten lösen und die dicke Haut aufschlitzen. Die Bohnen in kochendem Salzwasser etwa 3 Minuten garen, eiskalt abschrecken und gut abtropfen lassen. Das Walnussöl mit 4 EL Zitronensaft, Salz, Cayennepfeffer und Pfeffer verrühren. Die Bohnen darin wenden und ziehen lassen. Die Eier und das Eigelb mit etwas Brühe verrühren. Den Knoblauch durch die Presse dazudrücken. Die restliche Brühe mit dem übrigen Zitronensaft in eine Schüssel geben, diese in ein köchelndes Wasserbad stellen. Die Eiermischung langsam unter stetem Rühren einfließen lassen. Rühren, bis ein cremiger Schaum entstanden ist. Mit Salz, Pfeffer und dem Muskat abschmecken. Den Lachsschinken in Streifen schneiden und unter die Bohnen mischen. Die lauwarme Knoblauchschaumsoße auf vier Teller gießen. Die Bohnen dazugeben. Den Estragon abbrausen, die Blättchen abzupfen und darauf streuen.

Pfifferlinge mit Kerbel und Knoblauch ▷

250 g Schalotten
500 g frische Pfifferlinge
40 g Butter
Meersalz
weißer Pfeffer aus der Mühle
körnige Hefewürze (Reformhaus)
4 Knoblauchzehen
2 EL Crème fraîche
1 Bund Kerbel

Schalotten schälen, Pfifferlinge putzen und waschen. Das Fett leicht erhitzen und Pfifferlinge und Schalotten darin andünsten. Die Gewürze zugeben, ebenfalls die geschälten und zerdrückten Knoblauchzehen. Evtl. noch 1–2 EL Wasser zufügen und ca. 15 Minuten bei kleiner Flamme garen, Crème fraîche zugeben, nochmals abschmecken und mit frischem, gehacktem Kerbel bestreuen.

Griechische Champignons

500 g vollreife Tomaten
500 g Champignons
100 g Zwiebeln
3–4 Knoblauchzehen
100 ml Olivenöl
1 EL Tomatenmark
Salz
Pfeffer aus der Mühle
2 Frühlingszwiebeln

Die Tomaten kurz in kochendem Wasser blanchieren, häuten, halbieren und die Kerne entfernen. Das Tomatenfleisch würfeln. Die Champignons abbrausen, auf Küchenpapier trocknen und putzen. Die Zwiebel und die Knoblauchzehen abziehen und hacken.
Das Olivenöl in einer weiten Kasserolle erhitzen. Zwiebel und Knoblauch darin anschwitzen, Tomatenwürfel, Tomatenmark und die Champignons zugeben und mit Salz und Pfeffer würzen. Das Gemüse bei guter Mittelhitze kräftig durchkochen. Die Frühlingszwiebeln waschen, putzen und in sehr feine Ringe schneiden.
Das eingekochte Champignongemüse vom Herd nehmen und auskühlen lassen. Mit den Frühlingszwiebeln bestreuen und kalt servieren.
Dazu passt Fladenbrot oder mit Knoblauch geröstete Baguettescheiben.

Makkaroni mit Spinat und Mozzarella ▷

300 g Spinat
250 g Tomaten
1 Zwiebel
3–4 Knoblauchzehen
300 g Makkaroni
3 EL Olivenöl
Salz
weißer Pfeffer aus der Mühle
250 g Bratwurstmasse
1 Mozzarella-Rolle (250 g)
40 g Butter
1 EL gehackte Petersilie

Den Spinat putzen, die harten Stiele entfernen, gründlich waschen und gut abtropfen lassen. Die Tomaten kurz überbrühen, enthäuten, vierteln und die Kerne und Stielansätze entfernen. Die Viertel in größere Würfel schneiden. Die Zwiebel und den Knoblauch schälen und fein hacken. Die Makkaroni in reichlich Salzwasser nicht ganz weich kochen, dann gut abtropfen lassen.
Das Olivenöl in einer Kasserolle erhitzen und die Zwiebel und den Knoblauch darin hell anschwitzen. Den abgetropften Spinat zugeben und kurz mitschmoren. Mit Salz und Pfeffer würzen und die Tomatenwürfel zugeben, etwas angehen lassen. Rohe Bratwürste ausdrücken, aus dieser Masse 20 kleine Klößchen formen und in kochendem Salzwasser 5 Minuten ziehen lassen. Dann herausnehmen und abtropfen lassen. Den Mozzarella in Scheiben schneiden und mit den Nudeln und den Klößchen unter die Spinatmasse geben. Eine feuerfeste Form mit etwas Butter ausstreichen, die Masse hineingeben und mit Butterflöckchen belegen.
Im vorgeheizten Backofen bei 200 °C auf der mittleren Einschubleiste etwa 20 Minuten garen. Mit der Petersilie bestreuen.

Spinat mit Jogurtsoße

(für 6 Personen)

50 g Butter
100 g Zwiebeln, fein gehackt
500 g Spinat, gewaschen und in Streifen geschnitten
1/2 TL Salz
100 g Reis, gewaschen

Für die Jogurtsoße:
500 g Jogurt
3 Knoblauchzehen
Salz

Die Butter zerlassen und die Zwiebeln 3–4 Minuten darin braten. Spinat, 200 ml Wasser und Salz dazugeben, Deckel auflegen, zum Kochen bringen. Dann auf sehr geringe Hitze stellen und den Reis zugeben. 15–20 Minuten köcheln lassen, bis der Reis weich ist. Den Topf vom Feuer nehmen.
Den Jogurt in eine Schüssel geben, Knoblauchzehen schälen und im Mörser mit Salz zu einer glatten Paste zerstoßen. Die Paste unter den Jogurt rühren und unter den Spinat mischen. Spinat in eine Schüssel füllen, mit etwas zerlassener Butter überträufelt servieren.

Pikanter Nudelauflauf

▷

200 g Bandnudeln
Salz
1 Zwiebel
3–4 Knoblauchzehen
1/4 Stange Lauch
1 Paprika
4 EL Öl
300 g gemischtes Hackfleisch
1 Dose geschälte Tomaten (400 g)
2–3 Wacholderbeeren
Pfeffer, Paprika
2 Zucchini (à 150 g)
250 g Käse mit Knoblauchstücken
20 g Butterflöckchen
1/8 l Sahne
Petersilie zum Garnieren

Nudeln in Salzwasser kochen, abseihen und kalt abspülen. Zwiebel und Knoblauchzehen abziehen und fein hacken. Lauch putzen, waschen und in Ringe schneiden. Paprika putzen, waschen und in Würfel schneiden. 2 EL Öl erhitzen und das Hackfleisch darin anbraten. Vorbereitetes Gemüse, Tomaten und Gewürze zugeben und etwa 20 Minuten schmoren lassen, dann die Wacholderbeeren entfernen. Zucchini längs in Scheiben schneiden und in dem restlichen Öl anbraten. Den Käse in dünne Scheiben schneiden. Eine Auflaufform fetten und schichtweise Nudeln, Soße, Zucchini und Käse einfüllen. Die letzte Schicht sollte Soße und Käse sein. Auflauf mit Butterflöckchen belegen und die Sahne angießen. Im vorgeheizten Backofen bei 200 °C 45 Minuten backen. Mit gehackter Petersilie bestreuen.

Nudelauflauf mit Knoblauch-Jogurt

250 g Bandnudeln
Salz
1 große Zucchini
Fett für die Form
5 Eier
1/8 l Milch
frisch gemahlener Pfeffer
Muskat
40 g Butter

Für den Knoblauchjogurt:
500 g Vollmilchjogurt
Salz, Pfeffer
2 Knoblauchzehen

Die Nudeln nach Packungsanweisung in Salzwasser bissfest kochen. Zucchini abspülen, putzen und in bandnudelbreite Streifen schneiden. Abgetropfte Nudeln und Zucchinistreifen mischen und in eine ofenfeste, gefettete Form geben. Eier und Milch verrühren. Mit Salz, Pfeffer und Muskat kräftig würzen und über die Nudeln gießen. Fettflöckchen darauf setzen. Im Backofen bei 225 °C 30–40 Minuten überbacken. Jogurt bei geringer Hitze leicht erwärmen. Mit Salz, Pfeffer und zerdrücktem Knoblauch kräftig abschmecken. Zum Auflauf servieren.

Spaghettigratin mit Mozzarella

▷

2 Lauchzwiebeln
100 g Möhren
80 g Staudensellerie
100 g Lauch
100 g Steinpilze oder Champignons
2–3 Knoblauchzehen
80 g roher, durchwachsener Speck
30 g Butter
80 ml Weißwein
Salz, weißer Pfeffer
250 g Spaghetti
2 EL gehackte Petersilie
150 ml Sahne
2 Eier
250 g Mozzarella-Rolle

Das Gemüse putzen. Lauchzwiebel in Ringe, die Möhren in 1/2 cm große Würfel, Staudensellerie in Scheibchen, den Lauch in dünne Streifen und die Pilze in Scheiben schneiden. Den Knoblauch schälen und fein hacken. Den Speck würfeln. Die Butter zerlassen, die Pilze von beiden Seiten anbraten, herausnehmen und beiseite stellen. Den Speck, die Lauchzwiebeln und den Knoblauch zugeben und anbraten. Das vorbereitete Gemüse zugeben, kurz anschwitzen, mit Weißwein ablöschen, würzen und zugedeckt ca. 8 Minuten dünsten. In der Zwischenzeit die Spaghetti in reichlich Salzwasser al dente kochen. Abseihen, gut abtropfen lassen und zum Gemüse geben. Die Petersilie und die Steinpilze zugeben und alles gut mischen. Vier Portionsförmchen mit Butter ausstreichen und die Spaghetti einfüllen. Den Backofen auf 190 °C vorheizen. Die Sahne mit den Eiern, Salz und Pfeffer verquirlen, den in Würfel geschnittenen Mozzarella zugeben und über die Spaghetti verteilen. Im Backofen auf der mittleren Einschubleiste in 15–20 Minuten gratinieren.

Steinpilze in Weinblättern

15–20 mittelgroße Weinblätter
Salz
5 EL Olivenöl
700 g kleine Steinpilze
3–4 Knoblauchzehen
frisch gemahlener Pfeffer

Die Weinblätter waschen, mit leicht gesalzenem Wasser überbrühen und gut abtropfen lassen. Eine feuerfeste Form mit 1 EL Öl einfetten und mit der Hälfte der Weinblätter auslegen. Pilze waschen, putzen, in große Stücke schneiden und in die Form geben.
Knoblauchzehen abziehen und durch die Presse drücken. In einer Tasse 4 EL Öl, Knoblauch, 1 Prise Salz und Pfeffer vermischen und über die Pilze gießen. Die restlichen Weinblätter darauf legen. Den Backofen auf 180 °C vorheizen und die Pilze bei geschlossenem Deckel ca. 40–50 Minuten garen. Die oberen Weinblätter entfernen und möglichst heiß servieren.

Kräuternudeln

▷

(für 1 Person)

50 g extrabreite Landnudeln
Salz
1 TL Öl
2 kleine Zwiebeln
2 Knoblauchzehen
1 Bund glatte Petersilie
1 EL Öl
Pfeffer
50 g Kirschtomaten

Nudeln in Salzwasser mit 1 TL Öl 6–7 Minuten kochen. Inzwischen Zwiebeln fein würfeln und mit 2–3 EL Wasser dünsten. Geschälte Knoblauchzehen, gewaschene Petersilie (einige Blättchen zurücklassen) und Öl mit dem Schneidstab des Handrührgeräts fein pürieren, mit Salz und Pfeffer würzen. Nudeln abgießen, heiß abspülen, mit der Petersiliensoße mischen. Vor dem Servieren mit gezupfter Petersilie bestreuen und mit Tomatenscheiben garnieren.

Penne alla pizzaiola

1 Zwiebel
3–4 Knoblauchzehen
6 Sardellenfilets in Öl
4 EL Olivenöl
1 große Dose geschälte Tomaten
Salz, Pfeffer
100 g schwarze Oliven, ohne Stein
2 EL Kapern
350 g Penne
1 Bund glatte Petersilie
75 g geriebener Parmesan

Die Zwiebel und die Knoblauchzehen abziehen und fein hacken. Die Sardellenfilets in ca. 3 cm lange Stücke schneiden.
In einer Schmorpfanne das Öl erhitzen, Zwiebel und Knoblauch darin goldgelb braten. Die geschälten Tomaten zerdrücken und samt Saft dazugeben. Die Sardellenfilets untermischen, mit Salz und Pfeffer würzen und bei mittlerer Hitze etwa 30 Minuten köcheln, bis die Soße eindickt. Die Oliven halbieren und mit den Kapern zur Soße geben. Auf kleiner Flamme warm halten. Inzwischen die Nudeln in kochendem Salzwasser etwa 10 Minuten garen, abgießen und kurz abtropfen lassen. Die Petersilie waschen, trockenschütteln und hacken. In einer vorgewärmten Schüssel die Nudeln mit der Petersilie und dem Käse vermischen und die Soße darauf anrichten.

Vollkornnudeln mit buntem Gemüse ▷

300 g Vollkornnudeln (z. B. Sedanini)
je 1 rote und grüne Paprikaschote
je 1 kleine grüne und gelbe Zucchini (à 120 g)
80 g Zuckerschoten
1 Zwiebel
3–4 Knoblauchzehen
1 grüne Peperoni
300 g Tomaten
3 EL Olivenöl
1/8 l Brühe
Salz, weißer Pfeffer
2 EL gemischte, gehackte Kräuter (Petersilie, Thymian, Oregano)
250 g Mozzarella-Rolle
50 g Butter
1 EL gehackte Petersilie

Die Nudeln in reichlich Salzwasser al dente kochen, kalt abschrecken und gut abtropfen lassen. Die Paprikaschoten halbieren, entkernen, waschen und in Streifen schneiden. Die Zucchini waschen, putzen und in 1/2 cm dicke Scheiben schneiden. Die Zuckerschoten waschen und putzen; die Zwiebel und den Knoblauch schälen und fein hacken. Peperoni halbieren, Kerne und weiße Trennwände entfernen und in feine Streifen schneiden. Die Tomaten kurz in kochendes Wasser halten, häuten, vierteln und die Kerne entfernen. Das Öl in einer Pfanne erhitzen, Knoblauch und Zwiebel darin hell anschwitzen, Paprika, Zucchini und Zuckerschoten zugeben, ebenfalls kurz anschwitzen, mit der Brühe aufgießen, würzen und zugedeckt 5 Minuten dünsten. Peperoni und Tomaten zugeben, nochmals abschmecken und weitere 2 Minuten dünsten. Die Nudeln unter das Gemüse mischen, nochmals abschmecken und mit den Kräutern bestreuen. In eine gebutterte Form füllen, mit dem in Scheiben geschnittenen Mozzarella und Butterflöckchen belegen und bei 190 °C auf der mittleren Einschubleiste 15–20 Minuten überbacken. Mit Petersilie bestreuen.

Spaghetti Aglio, Olio e Peperoncino

600 g Spaghetti
Salz
3 Knoblauchzehen
1 Peperoncino
100 ml Olivenöl
Pfeffer aus der Mühle
1 Bund Petersilie

Spaghetti in viel Salzwasser al dente kochen. Vom Herd nehmen, abtropfen und in einer vorgewärmten Schüssel oder Platte anrichten. Knoblauch auspressen. Peperoncino in Stückchen schneiden. In einem kleinen Pfännchen Öl erwärmen, den gepressten Knoblauch und den Peperoncino bei ziemlich starker Hitze anbraten. Vom Feuer nehmen und über die Spaghetti verteilen. Mit etwas gemahlenem Pfeffer und viel gehackter Petersilie abschmecken.

Bami Goreng „Pandang"

▷

2 Eier
2 EL Kokosraspeln
2 frische, rote Chilischoten
4 Frühlingszwiebeln
4 Knoblauchzehen
1 kleines Stück Ingwer
2 EL Kokosfett
1 TL milde Sojasoße
Sambal Oelek
Salz
1 Dose Bami Goreng (500 g)

Eier ca. 7 Minuten kochen, abschrecken und pellen. Die Kokosraspeln mit 2 EL Wasser ca. 5 Minuten einweichen, abgießen und dabei das Einweichwasser auffangen. Chilischoten waschen, der Länge nach halbieren, entkernen und in feine Streifen schneiden. Frühlingszwiebeln putzen, in dünne Ringe schneiden und waschen. Knoblauch abziehen und zerdrücken, Ingwer schälen und reiben. Kokosfett im Wok oder einer hohen Pfanne erhitzen. Chilischote, Frühlingszwiebeln, Knoblauch, Ingwer und Kokosraspeln unter ständigem Rühren 2–3 Minuten schmoren. Einweichwasser zugeben und etwas einkochen lassen. Mit Sojasoße, Sambal Oelek und Salz abschmecken.
Gekochte Eier halbieren und mit der Schnittfläche nach oben in die Chilisoße legen. Eier bei schwacher Hitze zugedeckt etwa 3 Minuten ziehen lassen. In der Zwischenzeit Bami Goreng nach Packungsanweisung zubereiten und mit den Chili-Eiern servieren.

Gemüse aus dem Wok

800 g gemischtes Gemüse (Lauch, Brokkoli, Karotten, Zucchini, Pilze, Bohnen, Bambussprossen)
4 Frühlingszwiebeln
100 g frische Sojabohnensprossen
4 Knoblauchzehen
6 EL Öl
2 EL Fischsoße
2 EL helle Sojasoße
2 EL Austernsoße
frisch gemahlener Pfeffer

Das Gemüse waschen, putzen und in mundgerechte Stücke schneiden. Die Sojabohnensprossen verlesen. Die Knoblauchzehen abziehen und fein hacken.
Das Öl im Wok erhitzen und den Knoblauch darin andünsten. Die Gemüsesorten außer den Frühlingszwiebeln und den Sojabohnensprossen zugeben und bei starker Hitze unter Rühren 2 Minuten braten. Fischsoße, Sojasoße und Austernsoße zugeben und alles gut verrühren. Frühlingszwiebeln und Sojabohnensprossen untermischen und mit Pfeffer abschmecken.

Gnocchi di Mornag

▷

1 kg mehlig kochende Kartoffeln
Salz
150 g Mehl
60 g frisch geriebener Parmesan
1 Ei
1 Eigelb
Pfeffer
1 Msp. Muskatnuss
Mehl zum Formen
1 EL Butter

Für die Soße:
6 Strauchtomaten
2 Schalotten
1 Zucchini
1 gelbe Paprika
200 g kleine Champignons
3 EL Olivenöl
150 ml Tomatensaft
3–4 Knoblauchzehen
Salz, Pfeffer
1 EL Basilikum, gehackt

50 g frisch geriebener Pecorino

Kartoffeln schälen, waschen, in Salzwasser garen, gut abdampfen lassen und durch eine Presse drücken.
Mit Mehl, Parmesan, Ei und Eigelb gut vermischen, Kartoffelmasse mit Salz, Pfeffer und Muskat abschmecken und mit bemehlten Händen kleine Klößchen formen.
Gnocchi mit einer Gabel etwas eindrücken und in reichlich Salzwasser ca. 5 Minuten sieden lassen.
Butter in einer Pfanne langsam erhitzen, Gnocchi darin kurz schwenken und warm stellen.
Tomaten kreuzweise einritzen, Stielansatz entfernen und mit kochendem Wasser überbrühen. Haut und Kerne entfernen und das Fruchtfleisch würfeln.
Schalotten abziehen und fein hacken. Zucchini putzen, Paprika halbieren, putzen, beides waschen und in Würfel schneiden. Champignons putzen, waschen und halbieren.
Olivenöl in einer großen Pfanne erhitzen und das Gemüse, bis auf die Tomaten, darin ca. 5 Minuten dünsten. Tomatenwürfel hinzufügen, Saft angießen und alles ca. 10 Minuten bei milder Hitze garen. Knoblauchzehen abziehen, zerdrücken und dazugeben.
Das Gemüse mit Salz und Pfeffer abschmecken, Basilikum untermischen und kurz durchziehen lassen. Soße mit Gnocchi auf Tellern anrichten, mit Pecorino bestreuen und nach Wunsch mit Basilikumblättern garnieren.
Dazu schmeckt ein lieblicher Muscadet.

Feta-Gnocchi mit Kräuterpesto

▷

2 Gläser Kuhmilchfeta-Würfel (300 g)
800 g mehlig kochende Kartoffeln
Salz
3 Eigelb
100 g Mehl
Muskatnuss
je 1 Bund Petersilie, Schnittlauch, Basilikum
2 rote Chilischoten
2 Knoblauchzehen, gepresst
Pfeffer
50 g schwarze Oliven

Feta-Würfel in ein Sieb schütten und Öl auffangen. Kartoffeln in Salzwasser 20 Minuten kochen, pellen und durch die Kartoffelpresse drücken. 3 Eigelb schnell einarbeiten. 120 g Feta in kleine Würfel schneiden. Mehl und nach und nach den gewürfelten Feta unter die Kartoffel-Ei-Masse mischen. Mit Salz und Muskatnuss abschmecken. Mit bemehlten Händen aus der Kartoffelmasse etwa 2 cm lange und 1 cm dicke Würste formen und mit der Gabel eine Vertiefung hineindrücken. Die Nocken portionsweise in siedendes Salzwasser geben und gar ziehen lassen. Die Gnocchi sind gar, sobald sie an der Oberfläche schwimmen. Herausnehmen, abtropfen lassen und warm halten. Petersilie und Basilikum fein hacken, Schnittlauch und Chilischoten in Ringe schneiden. Für das Pesto 100 ml Öl aus dem Feta-Glas, Kräuter, Knoblauch, Pfeffer und Salz verrühren und in der Pfanne bei mittlerer Stufe erhitzen. Olivenstückchen und Chiliringe dazugeben und Gnocchi darin schwenken. Auf dem Teller anrichten und mit restlichen 80 g Feta bestreuen. Den übrigen Feta für Salat verwenden.

Kartoffeln mit Knoblauchsoße

800 g kleine Kartoffeln
4 EL Meersalz

Für die Soße:
2 Knoblauchzehen
1 getrocknete Pfefferschote
2 TL Paprikapulver
1 Prise Kreuzkümmelpulver
Salz
2 Scheiben Toastbrot
8 EL Olivenöl
4 EL Rotweinessig

Die Kartoffeln in einen Bratentopf geben, knapp bis zur Hälfte mit Wasser bedecken. Meersalz darüber streuen und 5 Minuten bei starker, dann 15–20 Minuten ohne Deckel bei mittlerer Hitze kochen, bis das Wasser verdampft ist. Zwischendurch mehrmals rütteln. Kartoffeln im trockenen Topf rundum anrösten. In einem Mörser geschälten Knoblauch, Pfefferschote, Paprika, Kreuzkümmel und 1/2 TL Salz zerstoßen. Toastbrot in Wasser einweichen und ausdrücken. Gewürzmischung mit dem fein zerpflückten Toast gut vermischen. Nach und nach Olivenöl und Essig unterrühren, 2–3 EL Wasser dazugeben. Die Soße zu den Kartoffeln reichen.

Gemischtes Pilzgemüse

200 g Austernpilze
200 g Egerlinge
200 g Champignons
1 große Zwiebel
2 EL Butter
4 Knoblauchzehen
Salz
Pfeffer aus der Mühle
150 g Crème fraîche
1 Bund glatte Petersilie

Die Pilze putzen und mit Küchenkrepp abreiben. Die Austernpilze in schmale Streifen, die restlichen Pilze blättrig schneiden. Die Zwiebel schälen und fein hacken. Die Butter in einer großen Pfanne heiß werden lassen und die Zwiebel darin weich dünsten.
Die Pilze ebenfalls in die Pfanne geben und kurz kräftig braten. Die Hitze reduzieren. Den Knoblauch schälen und durch die Presse dazudrücken. Die Pilze mit Salz und Pfeffer würzen, die Crème fraîche untermischen und alles etwa 10 Minuten köcheln. Die Petersilie abbrausen, trockenschütteln, nicht zu fein hacken und kurz vor dem Servieren untermischen.

Abb. S. 155
Gegrillte Lammkoteletts provençalisch
(Rezept S. 194)

Fleisch – herzhaft und lecker

Griechische Lammkoteletts mit Salat ▷

8 marinierte Lammkoteletts

Für die Marinade:
4 EL Balsamico-Essig
8 EL Olivenöl
1 TL Rosmarinnadeln
2 Zwiebeln, in Scheiben
2 Knoblauchzehen, geviertelt
2 TL Salz
1 TL geschroteter Pfeffer

Für den Bauernsalat:
4 Tomaten
je 1 rote und grüne Paprika
1 Salatgurke
1 Gemüsezwiebel
100 g Schafskäse
1 Glas entsteinte, schwarze Oliven (140 g)
1 Pck. Kräuter-Salatsoße Griechenland Würzmischung

Die 2 Stunden in Marinade eingelegten Lammkoteletts abtupfen und auf dem Grill oder in der Pfanne von jeder Seite ca. 6 Minuten braten. Tomaten putzen, waschen und halbieren. Tomatenhälften in Scheiben schneiden. Paprikaschoten putzen, halbieren, entkernen und in Streifen schneiden. Salatgurke waschen und längs halbieren. Mit einem Löffel die Kerne herauslösen und die Hälften in grobe Würfel schneiden. Gemüsezwiebel abziehen und in feine Scheiben, Schafskäse in kleine Würfel schneiden. Oliven abtropfen lassen. Die Salatsoße zubereiten und mit den Salatzutaten in einer Schüssel gut vermischen. Die gegarten Lammkoteletts nach Bedarf noch mit Griechenland Würzmischung abschmecken und zum Bauernsalat servieren.

Lammfleischtopf mit Tomaten

500 g kleine Tomaten
4 Knoblauchzehen
500 g grüne Paprika
1 kg Lammfleisch (Keule)
30 g Butterschmalz
schwarzer Pfeffer
1/2 l kräftiger Rotwein
1 TL Salz
3 Lorbeerblätter
1 Zweig Rosmarin
1 kleiner Bund Thymian
400 g kleine Zwiebeln

Tomaten brühen und häuten. Den Knoblauch schälen. Die Paprikaschoten putzen, waschen und würfeln. Das Lammfleisch würfeln. Das Butterschmalz in einem Schmortopf stark erhitzen. Lammfleischwürfel mit Pfeffer würzen, im heißen Fett unter Wenden kräftig anbraten, bis die Flüssigkeit verdampft und das Fleisch gebräunt ist. Den Rotwein angießen. Den Knoblauch auf dem Salz mit einem Messer zerdrücken, dann mit Lorbeerblättern, gezupftem Rosmarin und Thymian zum Fleisch geben. Fleisch zugedeckt bei mittlerer Hitze 30 Minuten schmoren. Paprika und geschälte Zwiebeln untermischen. Alles weitere 30 Minuten schmoren. Tomaten zugeben. Alles noch einmal 10 Minuten bei milder Hitze schmoren.

Lammrücken mit Kräuterbrotkruste ▷

1 kg Lammrücken
4 Knoblauchzehen
60 g Butterschmalz
6 EL Semmelbrösel
4 EL frisch gehackte Kräuter, z. B. Majoran, Thymian, Oregano
2 EL scharfer Senf
1 TL Salz
frisch gemahlener Pfeffer
1 Glas Rotwein

Den Lammrücken mit einem kleinen Messer in gleichmäßigen Abständen entlang der Wirbelsäule einstechen und den in Stifte geschnittenen Knoblauch hineinstecken. Backofen auf 200 °C vorheizen. Im Bräter Butterschmalz erhitzen und den Lammrücken auf der Fleischseite kräftig anbraten. Umdrehen, sodass er auf der Knochenseite liegt. Aus Semmelbröseln, Kräutern, Senf und Gewürzen eine Mischung bereiten. Damit die Fleischseite gut bedecken. In den Backofen stellen und in 20–30 Minuten rosa braten. Bratensatz mit dem Rotwein ablöschen und sofort servieren.

Lammrücken mit Basilikum

(für 6 Personen)

1 junger Lammrücken mit Filet (ca. 2 kg)
3 EL Olivenöl
Salz
Pfeffer aus der Mühle
175 g fetter Speck
3 EL getrocknetes oder
3 Bund frisches Basilikum
1 Bund Petersilie
4 Knoblauchzehen
1/8 l trockener Weißwein

Die Fettkante des Lammrückens vom Metzger einmal längs und mehrere Male quer einritzen lassen.
Das Öl in einem Schmortopf erhitzen, den Lammrücken darin rundum scharf anbraten, dann herausnehmen und mit Salz und Pfeffer würzen. Den Speck sehr fein würfeln, die Kräuter und den Knoblauch mit dem Schneidstab des Handrührers pürieren und mit dem Speck vermischen.
Diese Paste auf die Fettseite des Lammrückens streichen, den Rücken dann mit der Fettseite nach oben in die Saftpfanne des Backofens legen und im vorgeheizten Ofen bei 225 °C 35 bis 40 Minuten braten. Zwischendurch den Weißwein nach und nach angießen und den Braten mit dem Bratensaft beschöpfen.
Vor dem Servieren den Lammrücken herausnehmen und warm stellen.
Den Bratenfond aus dem Schmortopf in einen kleinen Topf umgießen (eventuell mit etwas Wasser und einem Pinsel lösen) und kurz aufkochen lassen. In einer vorgewärmten Sauciere anrichten.

Lammscheiben mit Kräuterkäse

▷

750 g Kartoffeln
8 Knoblauchzehen
1 Bund Thymian
600 g Lammbeinscheiben
Saft von 2 Zitronen
75 ml Olivenöl
Salz
frisch gemahlener Pfeffer
2 Köpfe Radicchio
1 Pck. Frischkäse mit Buttermilch „Kräuter", kalorienreduziert

Kartoffeln schälen. Knoblauch pellen. Beides mit Thymianzweigen und den Lammbeinscheiben auf einem Backblech verteilen. Zitronensaft, Olivenöl, Salz und Pfeffer verquirlen, kräftig abschmecken. Über Fleisch und Kartoffeln gießen. Im vorgeheizten Ofen bei 175 °C ca. 40 Minuten braten.

Radicchio waschen und vierteln. Mit auf das Blech legen und mit der Marinade beträufeln. Käse auf die Lammbeinscheiben verteilen. Weitere 10 Minuten braten.

Lammkeule mit Roquefort

(für 6 Personen)

1 kleine Lammkeule (3 kg)
schwarzer Pfeffer
4–5 Knoblauchzehen
2–3 Zweige Thymian
40 g Butterschmalz
250 g große Zwiebeln
600 ml Weißwein
400 g Roquefort
600 g Crème fraîche

Die Lammkeule mit Pfeffer einreiben. Die Knoblauchzehen in kleine Stifte schneiden, die Keule damit und mit zerkleinerten Thymianzweigen so spicken, dass möglichst wenig Fleisch zerschnitten wird.
Butterschmalz im Bräter erhitzen, die Keule darin kräftig anbraten. Die Zwiebeln vierteln und kurz im Bräter mit anbraten. Gut 1/4 l Weißwein zugießen, sodass der Topfboden bedeckt ist. Den Bräter in den auf 225 °C vorgeheizten Backofen geben.
Den Roquefort mit 200 g Crème fraîche glatt rühren.
Die Keule nach 10 Minuten so drehen, dass die gewölbte Oberseite unten liegt, dann mit der Käsecreme bestreichen. Die Keule weitere 45 Minuten offen garen, wenden, mit Soße beschöpfen und noch einmal 45 Minuten garen. Dabei auf die Bräunung achten. Eventuell in den letzten 20 Minuten mit Alufolie abdecken. Das Fleisch warm stellen.
Bratenfond im Bräter lösen, in einen kleinen Topf umgießen, den restlichen Wein und Crème fraîche zugeben. Die Soße bei starker Hitze unter Rühren einkochen lassen, bis sie sämig ist.

Lamm-Gemüse-Auflauf mit Feta ▷

1 Glas Fetawürfel (Kuhmilchfeta) in Öl (150 g Abtropfgewicht)
1 Aubergine (250 g)
Salz
1 Zucchini (200 g)
2 Möhren
2 Kartoffeln
2 Zwiebeln
500 g Lammhackfleisch
1 kleine Dose Tomaten
4 Knoblauchzehen
Pfeffer, Muskat
20 g Butter
30 g Mehl
1/2 l Milch
3 Eier

Fetawürfel in ein Sieb gießen und abtropfen lassen. Aubergine waschen, putzen und in dünne Scheiben schneiden. Auberginenscheiben salzen, ziehen lassen, abtupfen und in 2 EL Öl aus dem Fetaglas anbraten. Beiseite stellen. Zucchini waschen, Stielansätze und Spitzen abschneiden, in dünne Scheiben schneiden und ebenfalls anbraten. Möhren und Kartoffeln putzen, waschen, in Scheiben schneiden und nacheinander in der Pfanne andünsten. Auberginen zum Zucchini-Möhren-Kartoffel-Gemüse geben. 2 EL Öl aus dem Fetaglas in einer Pfanne erhitzen und die in Ringe geschnittenen Zwiebeln glasig dünsten. Lammhack zugeben und anbraten. Tomaten und die mit einer Gabel zerdrückten Knoblauchzehen zugeben. Mit Salz, Pfeffer und Muskat kräftig abschmecken. Flüssigkeit einkochen lassen. Die Hälfte des Gemüses in eine Auflaufform geben, Lammhack darüber verteilen, restliches Gemüse darauf geben. Aus Butter, Mehl und Milch eine Mehlschwitze herstellen. Mit Salz, Pfeffer und Muskat würzen. Etwas abkühlen lassen und die Eier unterquirlen. Die Soße über den Auflauf geben, Fetawürfel darüber streuen und im vorgeheizten Backofen bei 200 °C ca. 45 Minuten goldgelb backen.

Lamm im Würzsud

(für 6 Personen)

1 TL Fleischextrakt
Salz
2 Stangen Porree
2 Möhren
1 Stück Sellerie
1 Bund glatte Petersilie
3 Lorbeerblätter
4 Knoblauchzehen
1 Zweig Rosmarin
1 EL schwarze Pfefferkörner
2 Lamm-Unterkeulen (2 kg)

2 1/2 l Wasser mit Fleischextrakt, Salz, den geputzten und grob zerteilten Gemüsen, der Petersilie und den Gewürzen zum Kochen bringen. Das Lamm in den kochenden Sud geben und darin bei milder Hitze etwa 2 Stunden leise kochen lassen. Das Lammfleisch bis zum Servieren im Sud liegen lassen.
Dazu passt eine Platte mit gekochtem Gemüse und Petersilienkartoffeln.

Chili con Carne

▷

3 EL Olivenöl
1 Gemüsezwiebel, gewürfelt
4 Knoblauchzehen, gepresst
je 1 rote und gelbe Paprikaschote, gewürfelt
600 g Rinderhack
1–2 Gläser milde Mexikanische Salsa (oder 1 große Dose Tomaten und Chilipulver, evtl. Tabasco)
1 kleine Dose Kidneybohnen
30 g Honig
1 TL Koriander

Das Öl erhitzen und Zwiebel, Knoblauch und Paprikaschoten darin andünsten. Rinderhack dazugeben und anbraten. Fertige Salsa oder zerkleinerte Tomaten, mit Chilipulver und Tabasco pikant abgeschmeckt, sowie die abgetropften Kidneybohnen hinzufügen. 20 Minuten leicht köcheln lassen. Mit Honig und Koriander abschmecken.

Bœuf à la Niçoise

(für 4–6 Personen)

350 g Zwiebeln
125 g fetter Speck
3 EL Olivenöl
1 kg Rindfleisch (Keule)
2 EL Mehl
1/4 l trockener Weißwein
75 ml Rinderbrühe
Salz, Pfeffer
1 EL getrockneter Thymian
2 Lorbeerblätter
abgeriebene Schale von 1/2 Orange, unbehandelt
4–5 Knoblauchzehen
2 Dosen geschälte Tomaten (à 600 g)
150 g schwarze Oliven

Zwiebeln pellen und in Ringe schneiden. Speck in feine Streifen schneiden, etwa 2 cm lang. Dann 2 EL Olivenöl in einem Topf erhitzen und die Zwiebelringe und Speckstreifen darin anbraten. In der Zwischenzeit Fleisch in große Würfel schneiden. Angebratene Zwiebelringe und Speckstreifen aus dem Topf nehmen und zur Seite stellen. Das restliche Öl in den Topf geben und erhitzen. Fleisch portionsweise darin kräftig braun braten. Alles in den Topf geben, mit Mehl bestäuben und kurz bräunen. Dann Wein und Brühe zugießen. Mit Salz, frisch gemahlenem Pfeffer und Thymian würzen und Lorbeerblätter, abgeriebene Orangenschale und die durchgepressten Knoblauchzehen zufügen. Den Fleischtopf zugedeckt etwa 60 Minuten bei milder Hitze garen lassen. Dann Zwiebeln und Speck zugeben und weitere 30 Minuten garen. Tomaten vierteln und mit den Oliven auf das Fleisch geben, erhitzen und noch weitere 20 Minuten garen.

TIPP

Während der langen Garzeit darf das Fleisch nicht gewendet oder umgerührt werden, sonst zerfällt es.

Fatimas Köfte

60 g Reis
Streuwürze
500 g Rinder- oder Lammhack
Salz, Pfeffer, gemahlener Kümmel (oder fertige Würzmischung für Hackfleisch)
3 Stängel Minze
2 EL Olivenöl

Für die Jogurtsoße:
2–3 Knoblauchzehen
1 Becher Jogurt (150 g)
Pfeffer
Salz
2 EL Zitronensaft
1/2 TL abgeriebene Zitronenschale

Reis in Wasser und Streuwürze gar kochen und abkühlen lassen. Rinder- oder Lammhack mit der Gewürzmischung würzen. Die Minze waschen, Blätter abzupfen, klein schneiden und mit dem Reis unter das Hackfleisch mischen. Aus dem Teig kleine Bällchen formen und diese in dem Olivenöl von allen Seiten braten.

Für die Jogurtsoße den Knoblauch schälen, durchpressen und mit dem Jogurt verrühren. Mit Pfeffer, Salz, Zitronensaft und Zitronenschale würzen.

TIPP

Die Hackfleischbällchen schmecken heiß oder kalt sehr gut zu der Jogurtsoße. Auf jeden Fall Fladenbrot dazu reichen.

Knoblauch-Köfte in Tomatensoße

6–8 Knoblauchzehen
1 TL Salz
1/2 TL Paprikapulver
1/2 TL schwarzer Pfeffer
1/2 TL Kümmel, gemahlen
1/4 TL Zimtpulver
1/4 TL Nelkenpfeffer, gemahlen
500 g Lammfleisch von der Keule, sehr fein gehackt
25 g Butter

Für die Soße:
600 g Tomaten

Die Knoblauchzehen mit dem Salz zerdrücken und mit den Gewürzen zum Fleisch geben. 5 Minuten durchkneten und fingergroße Köfte formen.
Die Hälfte der Butter in einer Pfanne erhitzen und die Köfte darin von jeder Seite 4 Minuten braten. Aus der Pfanne nehmen und warm stellen.
Die Tomaten enthäuten, entkernen und zerkleinern. Die restliche Butter in die Pfanne geben und die Tomaten hinzufügen. Etwa 10 Minuten ohne Deckel köcheln lassen, bis der Saft eingekocht ist.
Die Köfte in die Soße geben und 1 Minute darin wenden.
Dazu passt Couscous oder Pitta-Brot.

Türkische Auberginen-Hack-Pfanne

▷

500 g Auberginen
Salz
4 Fleischtomaten
2 Zwiebeln
3–4 Knoblauchzehen
6 EL Olivenöl
750 g Kalbs- oder Lammhack
Pfeffer aus der Mühle
400 ml Fleischbrühe
2 Becher Sahnejogurt
1 Bund Minze, gehackt

Auberginen putzen, waschen und in Würfel schneiden. Mit 1 EL Salz mischen und 30 Minuten ziehen lassen. Inzwischen Tomaten überbrühen, häuten, entkernen und in Stücke schneiden. Zwiebeln und Knoblauch schälen und beides fein würfeln.
Öl in einer großen Pfanne erhitzen und das Fleisch darin braun anbraten. Zwiebel- und Knoblauchwürfel zufügen, ebenfalls leicht anbraten. Mit Salz und Pfeffer würzen. Fleischbrühe angießen, Tomatenstücke und Auberginenwürfel zufügen und bei mittlerer Hitze ca. 20 Minuten durchschmoren lassen. Die Auberginenpfanne nochmals mit Salz und Pfeffer abschmecken. Jogurt mit Minze verrühren, salzen und pfeffern. Die Auberginen-Hack-Pfanne mit dem Jogurt servieren.

Auberginen-Fleisch-Pfanne

3 kleine Auberginen
Salz
2 Zwiebeln
3 Peperoni
2 Tomaten
3–4 Knoblauchzehen
500 g Lammschulter oder -keule ohne Knochen
3 EL Butter
1/4 l Fleischbrühe
Pfeffer
Paprikapulver

Die Auberginen waschen, von den Stielansätzen befreien, in gulaschgroße Würfel schneiden und sofort in Salzwasser legen, damit sie nicht braun werden. Die Zwiebeln schälen und grob hacken. Die Peperoni waschen und klein schneiden. Die Tomaten kreuzweise einritzen, kurz mit kochendem Wasser überbrühen und häuten, die Stielansätze entfernen und die Tomaten klein schneiden. Die Knoblauchzehen schälen und sehr fein hacken. Das Fleisch in gulaschgroße Würfel schneiden.
Die Butter in einer Pfanne erhitzen und die Zwiebeln und die Knoblauchzehen darin andünsten. Das Fleisch zugeben und bei mittlerer Hitze kräftig anbraten. Dann das Gemüse zufügen und alles gut 5 Minuten schmoren lassen. Die Fleischbrühe angießen und das Gericht weitere 30 Minuten köcheln lassen. Mit Salz, Pfeffer und Paprikapulver abschmecken.

Gefüllter Hackbraten

▷

(für 6–8 Personen)

750 g gemischtes Hackfleisch
4 Eier
4 Zwiebeln, fein gehackt
4–5 Knoblauchzehen, zerdrückt
8 EL Wasser
140 g Blütenzarte Haferflocken
Muskat
Salz, Pfeffer, Paprika
500 g Möhren
700 g Porree
Butter und Haferflocken für die Form
5 dünne Scheiben Frühstücksspeck
50 g Butter
etwas Zucker

Hackfleisch, Eier, Zwiebeln, Knoblauch, Wasser, Haferflocken und die Gewürze gut verrühren und noch einmal abschmecken. Möhren und Porree waschen und putzen. 2 Stangen Porree längs halbieren und zusammen mit 4 Möhren für ca. 5 Minuten in kochendem Salzwasser blanchieren. In eiskaltem Wasser abschrecken. Eine Kastenform von 25 cm Länge einfetten und mit Haferflocken ausstreuen. Die Hälfte der Hackmasse einfüllen, den Porree auf Länge schneiden und einen breiten Streifen in die Mitte legen, darauf die Möhren verteilen und mit den restlichen Porreestreifen bedecken. Die restliche Hackfleischmischung einfüllen und mit dem Frühstücksspeck belegen. Im vorgeheizten Backofen bei ca. 200 °C auf der mittleren Einschubleiste ca. 60 Minuten garen.
Das restliche Gemüse in Scheiben schneiden. Butter und eine halbe Tasse Wasser erhitzen und das Gemüse darin ca. 15 Minuten dünsten, etwas würzen und zum in dicke Scheiben geschnittenen Hackbraten servieren.

Fritierte Fleischbällchen

1 große Zwiebel
3–4 Knoblauchzehen
1 EL Butter
1 Bund glatte Petersilie
600 g gemischtes Hackfleisch
1 Ei
3 EL Semmelbrösel
Salz, Pfeffer
1 Msp. Chilipulver
4 cl Ouzo
Pflanzenfett zum Fritieren

Die Zwiebel und die Knoblauchzehen abziehen und fein hacken. In einer Pfanne die Butter erhitzen. Zwiebel, Knoblauch und gehackte Petersilie darin einige Minuten dünsten. Dann die Pfanne vom Herd nehmen und etwas abkühlen lassen. Das Hackfleisch mit Ei, Semmelbröseln und der Zwiebelmischung gut verkneten. Mit Salz, Pfeffer, Chili und Ouzo würzen. Aus dem Teig kleine Bällchen formen.
Das Fett in der Friteuse auf 175 °C erhitzen und die Bällchen 6–7 Minuten fritieren.

Lasagne mit Hackfleisch und Mozzarella ▷

12 grüne Lasagneplatten
1 Mozzarellarolle (250 g)
80 g geriebener Parmesan
30 g Butter in Flöckchen

Für das Ragout:
3 Knoblauchzehen
1 Zwiebel
3 EL Öl
600 g gemischtes Hackfleisch
Salz, Pfeffer
1 Lorbeerblatt
1/4–1/2 l Brühe
1 große Dose geschälte Tomaten (800 g)
1 EL gehackte Petersilie

Für die Bechamelsoße:
30 g Butter
30 g Mehl
1/2 l Milch
Salz, weißer Pfeffer
Muskat

Knoblauchzehen und Zwiebel schälen und fein hacken. Im heißen Öl andünsten, das Hackfleisch zugeben und so lange braten, bis es krümelig geworden ist. Die Gewürze, 1/4 l Brühe und die geschälten Tomaten mit Saft dazugeben. Zum Kochen bringen. Die Nudelblätter in reichlich Salzwasser mit 1 EL Öl al dente kochen, abgießen, kurz kalt überbrausen und auf Tüchern auslegen.
Für die Soße Butter und Mehl hellgelb anschwitzen, die Milch aufgießen und mit dem Schneebesen kräftig rühren. Etwa 5–6 Minuten kochen. Mit Salz, Pfeffer und Muskat abschmecken. Mozzarella in Scheiben schneiden. Eine feuerfeste Form ausfetten und eine Lage Lasagneblätter einlegen. Löffelweise Hackfleisch und Bechamelsoße darüber verteilen. Mozzarellascheiben dazwischen legen und mit Pfeffer und Parmesankäse würzen. Wiederholen, bis alle Zutaten aufgebraucht sind. Die letzte Nudelschicht mit Bechamelsoße dick einstreichen und die Butterflöckchen darüber verteilen. Im vorgeheizten Ofen ca. 30–40 Minuten backen.

Hackfleisch-Spieße

100 g Zwiebeln
4 Knoblauchzehen
1 Bund glatte Petersilie
400 g gemischtes Hackfleisch
4 EL Olivenöl
Salz, Pfeffer
Oregano
12 kleine Zwiebeln
1 rote Paprikaschote
12 Lorbeerblätter

Die Zwiebeln fein hacken, Knoblauch durchpressen und Petersilie fein hacken. Alles zusammen mit Hackfleisch und Öl zu einem Teig verkneten, mit Salz, Pfeffer und Oregano würzen. In 8 gleiche Portionen teilen, jedes Teil zu einer 8 cm langen Rolle formen. Die kleinen Zwiebeln schälen, die Paprika in 12 Stücke schneiden. Im Wechsel eine Zwiebel, Paprika, ein Lorbeerblatt und eine Hackrolle auf die Spieße stecken, bis alle Zutaten verbraucht sind. Die Spieße abdecken und kühl stellen. Auf dem Rost 10–12 Minuten grillen.

Polenta alla Mozzarella

▷

Für die Polenta:
1 l Wasser
Salz
200 g Maisgrieß

Für das Ragout:
1 Zwiebel
3–4 Knoblauchzehen
2 EL Öl
500 g Hackfleisch
500 g passierte Tomaten
2 EL Tomatenmark
2 Fleischtomaten
Salz
weißer Pfeffer aus der Mühle
Majoran, Oregano
Butter zum Ausstreichen
30 g geriebener Parmesan
250 g Mozzarella-Rolle

Für die Polenta Wasser und Salz aufkochen, den Maisgrieß einrieseln lassen und mit dem Schneebesen kräftig rühren. Die Hitze reduzieren. Etwa 50 Minuten garen. Die Hälfte der Polenta auf ein Arbeitsbrett etwa 1 cm dick aufstreichen.
Für das Ragout die Zwiebel und die Knoblauchzehen schälen und fein hacken. Im heißen Öl anschwitzen. Das Hackfleisch zugeben und krümelig braten. Die Tomaten und das Tomatenmark zugeben und köcheln lassen. Die Fleischtomaten häuten, halbieren, die Kerne entfernen und das Fruchtfleisch klein schneiden. Zusammen mit den Gewürzen zugeben und 10 Minuten weiterköcheln.
Eine entsprechend große feuerfeste Form mit Butter ausstreichen, die restliche Polenta darüber verteilen und die Hälfte vom Parmesankäse darüber streuen. Mozzarella in Scheiben schneiden und 1/3 davon auf dem Parmesankäse verteilen. Die aufgestrichene Polenta in 1,5 cm mal 4 cm lange Streifen schneiden. Die Polentastreifen und die restlichen Mozzarellascheiben sowie das Ragout auf der Oberfläche verteilen. Parmesan darüber streuen. Im vorgeheizten Backofen bei 200 °C 30 Minuten backen.

Nudeln mit Hackfleisch

400 g Farfalle
Salz
3 Zwiebeln
6 Knoblauchzehen, gepresst
250 g Jogurt
6 EL Butter
250 g Rinderhack
Pfeffer
1/2 TL Paprikapulver

Die Nudeln in Salzwasser al dente garen. Die Zwiebeln schälen und reiben. Den Knoblauch mit 1 TL Salz in den Jogurt geben und gut verrühren. In einer Pfanne 3 EL Butter zerlassen, Zwiebeln, Hackfleisch, Salz und Pfeffer zufügen und 7 Minuten braten. In einer anderen Pfanne die restliche Butter zerlassen und mit dem Paprikapulver vermischen. Beim Servieren die Fleischmischung auf die Nudeln verteilen und den Jogurt, der mit Paprika-Butter beträufelt wird, darüber geben.

Allgäuer Nudelgratin

▷

250 g grüne Bandnudeln
2 große Zwiebeln
3–4 Knoblauchzehen
2 EL Butter
375 g gemischtes Hackfleisch
schwarzer Pfeffer
Salz
Muskat
1 großes Döschen Tomatenmark (140 g)
125 ml trockener Rotwein
1 Lorbeerblatt
1 TL Kräuter der Provence
Butter für die Form
100 g Allgäuer Emmentaler
getrockneter Majoran

Die Nudeln in reichlich kochendes Salzwasser geben und nach Packungsvorschrift garen. Die Zwiebeln inzwischen sehr fein würfeln und die Knoblauchzehen hacken. Butter in einer Pfanne erhitzen und die Zwiebeln sowie den Knoblauch darin andünsten, bis die Zwiebelwürfel glasig sind. Das Hackfleisch zufügen und unter Wenden scharf anbraten. Mit Pfeffer, Salz und Muskat würzen, dann das Tomatenmark untermischen. Den Rotwein angießen, das Lorbeerblatt und die Kräuter der Provence dazugeben und das Ganze zugedeckt etwa 10 Minuten köcheln lassen. Dabei gelegentlich durchrühren.
Die Nudeln gut abtropfen lassen und in eine gebutterte Auflaufform geben. Die Hackfleischmischung darauf verteilen, vorher das Lorbeerblatt entfernen, den Emmentaler grob raspeln und darüber geben und das Ganze mit reichlich Majoran würzen. Im vorgeheizten Backofen bei 200 °C überbacken, bis der Käse schmilzt.

Hackbällchen in Tomatensoße

1 Zwiebel
3 Knoblauchzehen
1 Bund glatte Petersilie
2 EL Öl
500 g gemischtes Hackfleisch
2 Eier
2 EL Semmelbrösel
Sojasoße
2 TL Kräuter der Provence
Salz, Pfeffer
1 kg pürierte Tomaten
je 1 Prise Zucker, Chilipulver

Die Zwiebel und die Knoblauchzehen abziehen und fein hacken. Die Petersilie ebenfalls fein hacken. Alles miteinander im heißen Öl glasig dünsten.
Das Hackfleisch mit den gedünsteten Zutaten, den Eiern, den Semmelbröseln, den Kräutern der Provence, Sojasoße, Salz und Pfeffer vermischen, kneten, dann 5 Minuten ruhen lassen. Die pürierten Tomaten in einem Topf mit Salz, Zucker und Chilipulver verrühren und erhitzen. Aus dem Fleischteig 4 große Bälle formen und in das köchelnde Tomatenpüree legen. Den Topf mit dem Deckel halb verschließen und die Hackbällchen bei schwacher Hitze in etwa 15 Minuten gar ziehen lassen.
Dazu passt Kartoffelpüree.

Kräuterschweinebraten

▷

1,2 kg Schweinebraten

Für die Marinade:
3–4 Knoblauchzehen
1 mittelgroße Zwiebel
1 EL mittelscharfer Senf
1 EL Bienenhonig
1/8 l Rotwein
1 EL Sojasoße
1 EL Zitronensaft
Salz, Pfeffer

250 g Champignons
250 g kleine Zwiebeln
1 Bund Petersilie
je 1 Zweig Rosmarin und Thymian
60 g Butterschmalz
1/4 l Rotwein
1/8 l Crème fraîche

Schweinebraten trockentupfen. Für die Marinade Knoblauchzehen abziehen und zerdrücken, Zwiebel schälen und reiben und mit allen anderen Zutaten verrühren. Das Fleisch darin 2 Stunden ziehen lassen.
Champignons putzen, waschen und abtropfen lassen. Zwiebeln schälen, Petersilie, Rosmarinnadeln und Thymianblättchen fein hacken. Butterschmalz in einem Bräter erhitzen und das Fleisch rundherum anbraten. Die Champignons und Zwiebeln zufügen. Das Fleisch obenauf mit der Hälfte der gehackten Kräuter bestreuen. Mit der Marinade und dem Rotwein angießen. Den Bräter mit dem Deckel oder mit Alufolie verschließen. Bei 200 °C ca. 1 1/2 Stunden garen. 25 Minuten vor Ende der Garzeit den Deckel oder die Folie abnehmen; die restlichen Kräuter auf dem Braten verteilen. Dann herausnehmen und noch 10 Minuten ruhen lassen. Den Knochen entfernen und das Fleisch in Scheiben schneiden. Den Fond 5 Minuten kochen lassen, die Crème fraîche einrühren. Die Soße zum Fleisch servieren.

Schweineschulter auf Porree

1 kg Schweineschulter (ohne Schwarte und Knochen)
4 Knoblauchzehen
Salz, Pfeffer
75 g Butter
12–15 mitteldicke Porreestangen (1,5 kg)

Fleisch der Länge nach in Form binden. Knoblauch in feine Stifte schneiden, den Braten damit spicken. Fleisch mit Salz und Pfeffer einreiben. Butter in einem Topf bräunen, das Fleisch darin anbraten. Inzwischen Porreestangen putzen, das dunkle Grün wegschneiden. Braten aus dem Topf nehmen und die Porreestangen nacheinander in der Butter bräunen. Dann alle angebräunten Porreestangen in den Topf legen und das Fleisch darauf geben. Deckel auflegen und den Braten etwa 80–90 Minuten bei milder Hitze garen lassen. Fleisch in Scheiben schneiden und den Porree daneben legen. Fond als Soße reichen.

Hochrippe mit Kräutern gespickt

▷

1 Stück Hochrippe (etwa 1,6–1,8 kg Gewicht)
Salz
schwarzer Pfeffer
Piment
4 Knoblauchzehen
2 Rosmarinzweige
80 g Butterschmalz
600 g Kartoffeln

Das Fleisch kräftig mit Salz, grob gestoßenem Pfeffer und Piment einreiben. Den Knochen entlang kleine Stücke Knoblauch einschieben und quer durch das Fleisch mit Rosmarinzweigen spicken. In einem Bräter in Butterschmalz allseitig scharf anbraten. Dann in den vorgeheizten Backofen bei kleinster Hitze (150 °C) stellen. Die Kartoffeln waschen, schälen und in längliche Schnitze schneiden, salzen und das Fleisch damit umlegen. Nach gut 2 Stunden sind Fleisch und Kartoffeln fertig.

Ossobuco mit Tomaten

500 g Tomaten
5 EL Olivenöl
60 g durchwachsener Speck
150 g Sellerie
2 mittelgroße Zwiebeln
2 Karotten
2 Stangen Porree
2 Lorbeerblätter
1 EL Thymian
2 Kalbshaxen à 750 g (jeweils in 2 Hälften gehackt)
Salz, Pfeffer
20 g Mehl
60 g Butter
1/8 l Weißwein
1/8 l (Instant-)Brühe
4 Knoblauchzehen
fein abgeschälte Schale von 1 Zitrone
1 EL gehackte Petersilie

Tomaten überbrühen, enthäuten und zerdrücken. Im eigenen Saft zu einem dicken Brei kochen. 2 EL Öl in einer Pfanne erhitzen, fein gewürfelten Speck, fein gehackte Sellerie, Zwiebelwürfel, Karotten und Porree, in sehr dünne Scheiben geschnitten, zugeben. Mit Lorbeerblättern und Thymian würzen und ca. 15 Minuten im zugedeckten Topf dünsten, vom Feuer nehmen. Das Fleisch salzen, pfeffern und in Mehl wenden. 3 EL Öl und die Butter in einer Pfanne erhitzen, das Fleisch scharf anbraten. Danach das Fleisch ohne das Fett in eine Kasserolle legen. Das Gemüse zugeben, Weißwein übergießen und ohne Deckel kochen, bis ein Viertel der Flüssigkeit eingekocht ist. Tomatenpüree, Brühe, den zerdrückten Knoblauch und Zitronenschale zugeben und das Ganze bei geschlossenem Deckel auf kleiner Flamme etwa 1 1/4 Stunden schmoren lassen. Fleisch herausnehmen und warm stellen. Zitronenschale aus der Soße nehmen. Die Soße pürieren, dann mit der Hälfte der gehackten Petersilie verrühren. Mit dem Fleisch in einer Schüssel anrichten und mit der restlichen Petersilie garnieren.

Ingwer-Schweinebraten

▷

(für 6 Portionen)

1,25 kg Schweinebraten mit Schwarte
8 EL pikante Sojasoße
Salz
Sambal Oelek
40 g frischer Ingwer
4 Knoblauchzehen
1 Bund junge Möhren
250 g Schalotten
100 g Zuckerschoten
100 g Maiskölbchen aus der Dose
1 Glas Chop Suey (350 g)

Schwarte des Bratens mit einem scharfen Messer kreuzweise einritzen. Die Hälfte der Sojasoße mit etwas Salz und Sambal Oelek verrühren, Braten damit rundherum bestreichen. Ingwer schälen, Knoblauchzehen abziehen, beides in feine Stifte schneiden und Braten damit spicken. Einen Bräter knapp 1 cm hoch mit kochend heißem Salzwasser füllen und Braten mit der Schwarte nach unten hineinlegen. Im vorgeheizten Backofen bei 200 °C ca. 30 Minuten braten. Wenden und weitere 15 Minuten garen. Möhren schälen und waschen, Schalotten abziehen, Zuckerschoten putzen, waschen und der Länge nach halbieren.
Maiskölbchen abtropfen lassen und mit dem anderen Gemüse in den Bräter geben. Fleisch mit Bratensaft beträufeln und zusammen mit dem Gemüse noch weitere 45 Minuten garen. Chop Suey abtropfen lassen und kurz vor Ende der Garzeit zugeben.

Fritierte Schweinerippchen

8 Schweinerippchen
2 Frühlingszwiebeln
5 Scheibchen Ingwer
4 Knoblauchzehen
Öl zum Fritieren

Für die Soße:
1 Frühlingszwiebel
2 rote Pfefferschoten
2–3 EL Öl
3 EL Sojasoße
1 EL Sojaöl
1 TL Salz
1 Prise Glutamat
1 Prise Zucker

Die Rippchen in der Mitte durchschneiden. Die Frühlingszwiebeln grob hacken; Ingwer und Knoblauch zerdrücken. Das Fleisch mit diesen Zutaten vermischen, kurz ziehen lassen. Danach alles in sprudelndes Wasser geben und etwa 10 Minuten kochen lassen. Das Fleisch herausnehmen und abtropfen lassen. Reichlich Öl im Wok erhitzen. Die Rippchen goldbraun fritieren, abtropfen lassen und beiseite legen. Für die Soße die Frühlingszwiebel und Pfefferschoten in schmale Scheiben schneiden und im Wok in 2–3 EL Öl kurz dünsten. Sojasoße, Sojaöl, Salz, Glutamat und Zucker einrühren. Die Rippchen zurück in den Wok geben und die Soße bei mittlerer Hitze noch kurz eindicken lassen.

Geschnetzeltes mit Nudeln

▷

(für 1 Person)

125 g mageres Schweinefleisch
100 g frische Champignons
1 Frühlingszwiebel
1 kleine Möhre
2 Knoblauchzehen
1 kleine Zwiebel
2 TL Sonnenblumenöl
40 g gedrehte Bandnudeln, eifrei
Meersalz mit Jod und Fluor
Pfeffer
5 EL Gemüsebrühe
1 EL Petersilie, gehackt

Fleisch in dünne Streifen schneiden. Die Champignons putzen, waschen und in Scheiben, die Frühlingszwiebel in Ringe, die Möhren in dünne Streifen schneiden, den Knoblauch durch die Presse drücken. Die Zwiebel fein würfeln und in heißem Öl in einer beschichteten Pfanne andünsten. Inzwischen die Nudeln nach Packungsaufschrift zubereiten, dabei das Kochwasser nur wenig salzen. Das Fleisch pfeffern und kräftig anbraten, anschließend aus der Pfanne nehmen und warm stellen. Pilze, Frühlingszwiebel und Knoblauch knackig anbraten, mit etwas Gemüsebrühe ablöschen. Das Geschnetzelte zugeben, pikant abschmecken und das Ganze einige Minuten köcheln lassen. Die Nudeln abseihen, gut abtropfen lassen, mit dem Geschnetzelten anrichten, das Ganze mit Petersilie garnieren.

Serbisches Reisfleisch

500 g Kalbfleisch (Keule)
2 große Zwiebeln
100 g durchwachsener Speck
8 Knoblauchzehen
2 Paprikaschoten
3 EL Olivenöl
1/2 l Fleischbrühe
125 g Reis
250 g Tomaten
Salz, Pfeffer
1 Bund Petersilie

Das Fleisch in große Würfel schneiden, Zwiebeln und Speck fein würfeln. Den Knoblauch fein hacken, die Paprikaschoten putzen und in Streifen schneiden.
Öl in einer Pfanne erhitzen und Fleisch und Speck darin bei guter Hitze unter dauerndem Rühren braun anbraten. Zwiebel, Knoblauch und Paprika dazugeben und unter Rühren wenige Minuten weiterbraten.
Inzwischen in die kalte Fleischbrühe den Reis und die gehäuteten, geviertelten Tomaten geben, erhitzen und, wenn der Topfinhalt zu kochen beginnt, alles in eine feuerfeste Form füllen.
Kräftig salzen und pfeffern, die Form bedecken und bei guter Hitze im Ofen ca. eine Stunde backen.
Zum Servieren die fein gehackte Petersilie in einem Extraschüsselchen anrichten.

Kaninchen nach „Ischia" Art

▷

1 küchenfertig vorbereitetes Kaninchen (ca. 1500 g)
4 Knoblauchzehen
Salz
grober Pfeffer
Saft einer Zitrone
je 1/2 Bund Salbei und Rosmarin
100 g Frühstücksspeck in Scheiben
5 EL Olivenöl
je 1/4 l Brühe und trockener Weißwein

Für die Marinade:
2 EL dunkle Olivenpaste aus dem Glas
3 EL Balsamessig
5 Sardellenfilets
je 1 gelbe und rote Paprikaschote
1 Bund Frühlingszwiebeln
1 kleine Aubergine
1 Pck. TK-Kartoffelkrönchen (300 g)

Kaninchen kurz abspülen, trockentupfen und portionsgerecht tranchieren.
Knoblauchzehen abziehen, zwei Zehen halbieren, die Kaninchenteile damit einreiben, mit Salz und Pfeffer würzen und mit Zitronensaft beträufeln.
Kaninchenteile mit einem Teil der Kräuter spicken, mit Speck umwickeln und in 3 EL erhitztem Öl von allen Seiten in einer Pfanne kräftig anbraten. Übrige Kräuter zugeben, Fleischbrühe und Weißwein angießen. Zugedeckt etwa 40 Minuten schmoren lassen.
Olivenpaste, Balsamessig und restliches Olivenöl verrühren. Sardellenfilets klein schneiden, die restlichen Knoblauchzehen zerdrücken, unter die Marinade rühren, mit Salz und Pfeffer abschmecken.
Paprikaschoten halbieren, putzen, waschen und im Backofen bei 225 °C backen, bis die Haut Blasen wirft. Haut abziehen und Paprika in grobe Stücke schneiden.
Frühlingszwiebeln und Aubergine putzen und waschen, Frühlingszwiebeln in Ringe, Aubergine in feine Streifen schneiden. Gemüse in der Marinade ca. 30 Minuten ziehen lassen.
Kartoffelkrönchen nach Packungsanweisung im Backofen zubereiten, Gemüse auf einem zweiten Backblech mit der Marinade in den Ofen geben und mitgaren.
Kaninchenteile, Gemüse und Kartoffelkrönchen auf einer Platte angerichtet servieren.

Kalbfleischröllchen

▷

Für die Soße:
4 Knoblauchzehen
2 große Zwiebeln
100 g Karotten
100 g Sellerie
Olivenöl
75 g Tomatenmark
1/2 l Kalbsfond
4–6 cl Marsala
1 Lorbeerblatt
Thymian- und Rosmarinzweige
Salz, Pfeffer

Für die Röllchen:
150 g Spinat mit großen Blättern
2–3 EL Pinienkerne
150 g Käse mit frischem Knoblauch
8 Kalbsschnitzel, sehr dünn geschnitten
8 Scheiben Parmaschinkem
2–3 EL Tomatenpesto
16 kleine Salbeiblätter für die Dekoration
Olivenöl

Für die Soße das Gemüse säubern, klein schneiden und mit Olivenöl gut anschmoren. Tomatenmark, Fond und Marsala dazurühren. Die zusammengebundenen Kräuter dazugeben und die Soße ca. 30 Minuten im offenen Topf einkochen lassen. Die Kräuter aus der Soße nehmen.

Für die Röllchen den entstielten Spinat in kochendem Wasser blanchieren, in Eiswasser abschrecken und auf einem Küchentuch abtropfen lassen. Die Pinienkerne ohne Fett bräunen und grob hacken. Den Käse in 8 Stücke schneiden, die 4 cm schmaler sind als die Schnitzel. Die Kalbsschnitzel einzeln mit Parmaschinken belegen, das Pesto darüber streichen, mit Spinat bedecken, die Pinienkerne darüber streuen und jeweils ein Käsestück darauf legen. Das Fleisch an den Seiten einschlagen, aufwickeln und mit Rouladennadeln zustecken. Die Salbeiblätter für die Dekoration in heißem Olivenöl kross braten und auf Küchenkrepp oder einem Mulltuch abtropfen lassen.

Die Kalbsröllchen in heißem Olivenöl von allen Seiten bräunen. Die Soße dazugießen und bei milder Hitze etwa 60 Minuten gar ziehen lassen. Die Röllchen aus der Soße nehmen und warm stellen. Die Soße bei großer Hitze dick einkochen lassen und abschmecken. Die heiße Soße auf vorgewärmte Teller geben. Die Röllchen schräg aufschneiden und auf der Soße anrichten. Heiß mit Beilagen, zum Beispiel Stangenweißbrot, servieren.

Kalbsröllchen alla milanese

▷

4 dünne Kalbsschnitzel
2 kleine Bratwürstchen
50 g Austernpilze
2 EL Olivenöl
3–4 Knoblauchzehen
1 Bund Petersilie
2 Pck. italienischer Mozzarella (à 125 g)
2 Eigelb
Salz, Pfeffer
8–10 frische Salbeiblätter
4 Scheiben Parmaschinken
Mehl zum Bestäuben
1/8 l Weißwein
1/8 l Fleischbrühe

Schnitzel sehr dünn klopfen. Bratwürstchen enthäuten und die Fülle zerkleinern. Austernpilze putzen, fein hacken, 1 EL Öl erhitzen und Pilze darin andünsten. Knoblauchzehen abziehen und zerdrücken. Petersilie waschen, trockentupfen und fein hacken. Mozzarella abtropfen lassen, eine Kugel in kleine Würfel schneiden, mit Pilzen, Knoblauch und Petersilie zum Brät geben und Eigelb hinzufügen. Alles gründlich vermischen und mit Salz und Pfeffer abschmecken. Schnitzel mit der Masse gleichmäßig bestreichen, aufrollen und jeweils mit einem Salbeiblatt belegen, mit Parmaschinken umwickeln und mit Spießchen feststecken. Anschließend mit Mehl bestäuben, restliches Öl erhitzen und Röllchen darin goldbraun braten. Kalbsröllchen salzen, Wein angießen und etwa zur Hälfte bei mittlerer Hitze reduzieren lassen. Brühe zugießen und zugedeckt bei schwacher Hitze 20 Minuten schmoren lassen. Röllchen herausnehmen, mit zweiter, in Streifen geschnittener Mozzarellakugel belegen, kurz grillen und warm stellen. Soße nochmals kräftig aufkochen. Nach Wunsch mit 1/2 TL in etwas Wasser aufgelöster Stärke binden, abschmecken und zum Fleisch servieren. Nach Belieben mit Salbeiblättern garnieren.

Kalbsnieren in Knoblauchsahne

2 Kalbsnieren à 350 g
4 EL Olivenöl
10 Knoblauchzehen
1 TL Senf
1 TL Worcestersoße
Pfeffer, Salz
1 TL Zitronensaft
1/8 l süße Sahne
3–4 Bund Petersilie

Kalbsnieren langs halbieren, Fett und Äderchen herauslösen, unter fließendem Wasser abspülen und in dünne Scheibchen schneiden. Olivenöl in einer Pfanne erhitzen, die fein gehackten Knoblauchzehen darin goldgelb werden lassen, dann Nierchen zugeben und bei großer Hitze 4–5 Minuten braten. Herausnehmen und warm stellen. Im Bratenfond Senf, Worcestersoße, Pfeffer, Salz und Zitronensaft verrühren, dann Sahne zugeben und alles etwas einkochen lassen. Nierchen wieder in die Soße legen und fein gehackte Petersilie unterrühren.

Marinierte Fleischspieße

▷

200 g Putenbrustfilet
200 g Kalbsleber
200 g Schweinefilet
200 g Lammfilet
1 Bund Salbei

Für die Marinade:
1 1/2 EL Essig-Essenz (25 %)
1/8 l Wasser
8 EL flüssiger Honig
2 Zwiebeln
4 Knoblauchzehen
4 TL Paprikapulver, edelsüß
4 TL getrockneter Oregano
6 Tropfen Tabasco
1/8 l Pflanzenöl
1 Msp. Salz

Fleischsorten in gleich große, mundgerechte, dünne Scheibchen schneiden. Auf 2 Spieße abwechselnd Putenbrust- und Leberscheiben und einige Salbeiblätter ziehen und auf 2 Spieße die Schweine- und Lammfiletscheibchen, ebenfalls mit einigen Salbeiblättern. Die Zutaten der Grillmarinade mit dem Schneeebesen verrühren. Die Spieße in der Marinade 60 Minuten ziehen lassen. Herausnehmen, mit Küchenkrepp trockentupfen und auf dem heißen Grill von jeder Seite 3–4 Minuten grillen oder in einer Pfanne in wenig Fett 3–4 Minuten braten.
Dazu passt Gemüsesalat und knuspriges Brot.

Shish Kebab

800 g Lammschulter ohne Knochen
2 Knoblauchzehen
2 Lorbeerblätter
1/2 TL Salz
1 TL Zwiebelpulver
frisch gemahlener Pfeffer
1/2 TL Ingwer, gemahlen
Saft von 1 Zitrone
6 EL Olivenöl
1 Knoblauchknolle
Öl

Das Fett vom Lammfleisch entfernen und das Fleisch in 2–3 cm große Würfel schneiden. Die Knoblauchzehen abziehen und im Mörser mit den Lorbeerblättern und dem Salz zerdrücken. Die Paste mit Zwiebelpulver, Pfeffer, Ingwer, Zitronensaft und Olivenöl verrühren. Die Lammfleischstücke in eine Schüssel legen, die Marinade darüber verteilen und das Fleisch 1 Stunde darin ziehen lassen. Während dieser Zeit die Fleischstücke mehrmals in der Marinade wenden. Die Knoblauchknolle in Zehen zerteilen, nicht schälen. Das Fleisch aus der Marinade nehmen und mit den Knoblauchzehen auf vier Grillspieße stecken. Bei mittlerer Hitze auf dem Rost 10–14 Minuten grillen.

Gegrillte Lammkoteletts provençalisch *(Abb. S. 155)*

4 Knoblauchzehen
8 Wacholderbeeren
1 TL bunte Pfefferkörner
1 kleiner Zweig Rosmarin
1 Lorbeerblatt
6 EL Öl
Salz
12 Lammkoteletts mit Stiel à ca. 100 g

Für den Salat:
250 g Brechbohnen
1 Knoblauchzehe
1 Zwiebel
3 EL Öl
200 ml (Instant-)Gemüsebrühe
100 g rote Linsen
4 EL Balsamico Essig
Salz
Pfeffer

Knoblauch schälen und in feine Scheiben schneiden. Wacholderbeeren und Pfeffer in einem Mörser grob zerstoßen. Rosmarin abspülen, die Nadeln vom Stiel abzupfen. Lorbeerblatt in 3–4 Stücke reißen. Alles mit dem Öl verrühren und mit Salz abschmecken. Die Lammkoteletts abspülen, trockentupfen und in eine flache Schüssel legen. Mit dem Würzöl begießen und ca. 2 Stunden zugedeckt im Kühlschrank durchziehen lassen. Dabei die Koteletts 2–3mal in der Marinade wenden. Inzwischen die Bohnen putzen, waschen und schräg in Stücke schneiden. Knoblauch und Zwiebel pellen und fein hacken. In dem heißen Öl andünsten. Bohnen zufügen, ebenfalls leicht andünsten und die Brühe angießen. Linsen einstreuen und alles kurz aufkochen lassen. Bei mittlerer Hitze ca. 15 Minuten garen. Gemüse lauwarm abkühlen lassen. Den Essig zufügen und alles mit Salz und Pfeffer abschmecken.
Lammkoteletts aus der Marinade nehmen, gut abtropfen lassen und auf dem vorgeheizten Grill von jeder Seite goldbraun grillen. Mit dem lauwarmen Bohnen-Linsensalat servieren.

Abb. S. 195
Orientalisches Hähnchen
(Rezept S. 218)

Geflügel – vielseitig variiert

Gefüllte Poulardenbrust

▷

4 Poulardenbrüste ohne Haut (je 300 g)
400 g Steinpilze
60 g Butter
4 Rosmarinzweige
3–4 Knoblauchzehen
Salz, Pfeffer
2 Bund Rucolasalat

Für das Salatdressing:
1 kleine Zwiebel
40 g Kräuter
1 TL Senf
1 EL Meerrettich
2 cl Weinessig
4 cl Wasser
8 cl Sonnenblumenöl
Salz, Pfeffer
Zucker

Die Poulardenbrüste auf der Innenseite von der Mitte nach rechts und nach links einschneiden, um eine große Fläche zu erhalten. Zwischen zwei Folien legen und mit einem schweren Topf auf ca. 1/2 cm Stärke flach drücken. Die Steinpilze in ca. 1 cm große Würfel schneiden und in Butter mit den Rosmarinzweigen und den Knoblauchzehen anschwenken.

Nachdem die Pilze goldgelb sind, mit Salz und Pfeffer würzen und zwei Drittel davon auf die Poulardenbrüste setzen. Die Enden übereinander schlagen und mit der geschlossenen Seite nach oben zu den Steinpilzen in die Pfanne zurücksetzen.

Für das Salatdressing alle Zutaten in ein Mixerglas geben und fein mixen. Das fertige Dressing in die Pfanne gießen, einmal aufwallen lassen und zugedeckt bei 170 °C 8 bis 10 Minuten im Rohr ziehen lassen. Nun einen Teller mit Rucolablättern auslegen, dic gefüllte Poularde in die Mitte setzen und das Dressing mit den Steinpilzen darüber geben.

Putengeschnetzeltes mit Gemüse

(für 2 Personen)

150 g Putenbrust, geschnetzelt
10 g Butter
Jodsalz
weißer Pfeffer
300 g TK-Gemüsepfanne
2 Knoblauchzehen
1 Becher Käsesoße mit Tomaten und Basilikum (200 ml)
einige Blättchen Basilikum

Das Putengeschnetzelte in heißem Fett kurz anbraten, salzen und pfeffern. TK-Gemüse dazugeben (Packungsaufschrift beachten). Knoblauchzehen schälen, in dünne Scheiben schneiden und mitbraten. Käsesoße leicht erhitzen, nicht zum Kochen bringen. Den Pfanneninhalt auf zwei Tellern verteilen, mit der Soße übergießen. Mit Basilikum garnieren.

Hähnchenfleisch „Mandarin"

▷

300 g Hähnchenbrustfilet
2 TL Maisstärke
3 EL Sojasoße
3 EL trockener Sherry
100 ml Ananassaft
1 EL Sesamöl
weißer Pfeffer
1 Stück Ingwer (1 cm)
3–4 Knoblauchzehen
2 Fleischtomaten
2 EL Rotweinessig
1 EL Zucker
1 Zwiebel
je 1 rote und grüne Paprika
1 grüne Chilischote
1/2 frische Ananas
3 EL Sonnenblumenöl
150 ml (Instant-)Hühnerbrühe
450 g TK-Mandelbällchen

Hähnchenbrustfilet waschen, trockentupfen und in mundgerechte Stücke schneiden. Stärke, Sojasoße, Sherry, Ananassaft, Sesamöl und Pfeffer zu einer Marinade verrühren. Die Fleischstücke in die Marinade legen und ca. 30 Minuten ziehen lassen. Ingwer schälen und fein hacken, Knoblauch abziehen und zerdrücken. Tomaten mit kochendem Wasser überbrühen, häuten, achteln und Kerne entfernen. Essig und Zucker dazugeben und die Tomaten pürieren. Zwiebel abziehen, achteln, Paprika- und Chilischoten halbieren, putzen und waschen. Paprika in große, Chilischote in feine Würfel schneiden. Ananas schälen und in mundgerechte Stücke schneiden. Sonnenblumenöl in einer Pfanne erhitzen, Knoblauch und Ingwer kurz darin andünsten. Fleisch mit der Marinade in die Pfanne geben, scharf anbraten und mit der Hühnerbrühe ablöschen. Tomatenpüree, Zwiebel, Paprika, Chili und Ananas dazugeben, ca. 20 Minuten weiterdünsten. Mandelbällchen nach Packungsanweisung zubereiten. Das Fleisch abschmecken und zu den Mandelbällchen servieren.

Das schnellste Huhn der Welt

(für 2 Personen)

1 junge Poularde (1,25 kg)
Salz, Cayennepfeffer
Paprikapulver
4 Knoblauchzehen
75 g Butter
1/2 l trockener Wermut
3 große Tomaten
1/2 l süße Sahne
Thymian, Rosmarin, Majoran

Die gewaschene Poularde in vier Teile zerlegen. Innen und außen mit etwas Salz, Cayennepfeffer und Paprika einreiben. Einen großen Schmortopf mit geschältem Knoblauch ausstreichen. Butter darin erhitzen. Poulardenviertel darin kurz und scharf anbraten. Den Wermut zugießen und die geschälten Tomaten daneben legen, zugedeckt 30 Minuten schmoren lassen. Danach den Fond etwas einkochen. Sahne zugießen und noch 5 Minuten köcheln lassen, dabei nach Belieben mit Kräutern abschmecken.

Hähnchencurry auf Bulgur

▷

1 Pck. getrocknete Mu-err-Pilze (25 g)
200 g Bulgur (ersatzweise Reis)
3/4 l Brühe
500 g Hähnchenbrustfilet
2 Zwiebeln
2 Zucchini
3 EL Öl
100 g Alfalfa-Sprossen
3 Knoblauchzehen
1/2 EL Mehl
2–3 EL Curry
Salz, Pfeffer

Pilze in 1/2 l Wasser 3–4 Stunden einweichen, dann abgießen und Pilze mit kaltem Wasser abspülen. Bulgur in 1/2 l Brühe ca. 20 Minuten gar kochen und Brühe abgießen. Hähnchenbrustfilet kalt abspülen, trockentupfen und in Würfel schneiden. Zwiebeln abziehen, Zucchini schälen und alles in Scheiben schneiden. 2 EL Öl in einer großen Pfanne erhitzen, Zwiebeln zugeben und anbraten. Alfalfa-Sprossen waschen. Zucchini und Pilze zu den Zwiebeln geben, Knoblauch dazupressen und 10 Minuten dünsten. Währenddessen 1/4 l Brühe angießen. Mehl mit wenig Wasser glatt rühren und zum Gemüse geben. Hähnchenwürfel und Alfalfa-Sprossen unter das Ragout mischen. Zum Schluss 2–3 EL Curry über das Ragout geben und eine weitere Minuten dünsten. Mit Salz und Pfeffer würzen. Bulgur auf Tellern anrichten, mit Hähnchencurry servieren.

Knoblauchhähnchen

(für 8 Personen)

2 kg Hähnchenteile
Salz, Pfeffer
1 Zwiebel
3 Knoblauchknollen
150 ml trockener Weißwein
175 ml Hühnerbrühe
4–5 Thymianzweige
1 kleiner Rosmarinzweig
1 Lorbeerblatt

Die Hähnchenteile mit Salz und Pfeffer würzen, mit der Hautseite nach unten in einen großen Schmortopf geben und bei mittlerer Hitze bräunen. Hähnchen aus dem Topf nehmen und Fett abgießen. Zwiebel in Scheiben schneiden, Knoblauchknollen in Zehen zerteilen und diese schälen. Beides in den Topf geben und bei schwacher Hitze unter häufigem Rühren bräunen.

Mit Wein ablöschen, aufkochen, Hähnchen zurück in den Topf geben. Brühe zugießen, Kräuter einstreuen und aufkochen. Zugedeckt im auf 190 °C vorgeheizten Backofen etwa 25 Minuten garen. Hähnchenteile aus dem Topf nehmen und die Kochflüssigkeit abseihen. Kräuter entfernen, Zwiebeln und Knoblauch aus der Soße schöpfen und im Mixer pürieren. Fett von der Kochflüssigkeit abschöpfen und die Soße in den Schmortopf zurückgeben. Knoblauch-Zwiebel-Püree unterrühren, Hähnchenteile zugeben und vor dem Servieren bei schwacher Hitze 3–4 Minuten aufwärmen.

Hähnchenschenkel auf roten Linsen ▷

2–4 frische grüne Chilischoten
4 Knoblauchzehen
1 EL gehackter Ingwer
1/2 TL Kreuzkümmel
4 Hähnchenschenkel
500 g rote Linsen
1 TL Kurkuma
1 TL Salz
1 EL Öl
1 Zwiebel
etwas Koriandergrün (ersatzweise Petersilie)
1 Becher Jogurt
2 EL Crème fraîche

Chilischoten vorsichtig entkernen, mit dem Knoblauch fein hacken und mit dem Ingwer und Kreuzkümmel mischen. Die Hähnchenkeulen mit dieser Würzmischung einreiben und eine Stunde ziehen lassen. Linsen waschen und in 750 ml Wasser mit Kurkuma und Salz ca. 10 Minuten leise köcheln, die Linsen sollen dabei nicht zerfallen. Gewürze abstreifen (aufheben) und die Keulen in einer Pfanne in heißem Öl rundum knusprig braten, aus der Pfanne nehmen und warm stellen, gehackte Zwiebeln im Bratfett andünsten, abgestreifte Gewürze zugeben und mit den gegarten Linsen mischen, abschmecken und grob zerteiltes Koriandergrün darüber streuen. Jogurt und Crème fraîche verrühren und als „Feuerlöscher" dazu servieren.

Hähnchen mit Pastis

2 Hähnchen
Salz, Pfeffer
2 Stängel Rosmarin
2 Stängel Thymian
4 Lorbeerblätter
1 EL Öl
1 EL Fenchelsamen
4 EL Pastis (oder anderer Anisschnaps)
4 Knoblauchzehen
750 g kleine Kartoffeln
etwa 100 g Butter

Backofen auf 200 °C vorheizen. Hähnchen innen mit Salz und Pfeffer würzen. Rosmarin, Thymian und Lorbeerblätter in den Bauch legen. Die Keulen der Hähnchen zusammenbinden. Hähnchen im heißen Öl im ofenfesten Topf auf dem Herd anbraten, mit Salz und Pfeffer würzen. Fenchelsamen und Anisschnaps über die Hähnchen geben. Ungeschälte Knoblauchzehen und ungeschälte, gründlich gewaschene Kartoffeln rundherum in den Topf legen. Zugedeckt in den vorgeheizten Ofen schieben. Hähnchen in 50–60 Minuten garen, die letzten 15 Minuten im offenen Topf, damit die Haut noch Farbe bekommt.
Soße in einen kleinen Topf gießen, Fett abschöpfen und den verbleibenden Fond abmessen. Für 100 ml Fond etwa 100 g eiskalte Butter zum Binden verwenden. Fond in einem Stieltopf erhitzen, Butter in kleinen Stücken nach und nach einrühren.

Hähnchenbrust-Röllchen am Spieß

4 Hähnchenbrustfilets (à 150 g)
100 g geriebener Emmentaler
1 TL Senf
1 EL Tomatenmark
Salz
Pfeffer
1 EL Kapern
1 EL Öl
Paprika

Für die Gemüsesoße:
2 rote Paprika
2 Fleischtomaten
1 Zwiebel
2–3 Knoblauchzehen
1 EL Olivenöl
1 EL Essig
Salz
Pfeffer
Tabasco

Die Hähnchenbrustfilets flach klopfen. Den geriebenen Käse mit Senf, Tomatenmark, Salz, Pfeffer und Kapern verrühren, die Masse auf die Hähnchenbrustfilets streichen, diese zu Rouladen aufrollen. Mit einem scharfen Messer die Rouladen in jeweils 2 cm breite Scheiben schneiden, diese dann vorsichtig auf Spieße stecken, Öl mit Paprika würzen, mit der Ölmischung die Spieße bestreichen. Die Spieße 5–10 Minuten grillen.
Für die Soße die Paprika würfeln, die Tomaten häuten, die Kerne entfernen und das Fruchtfleisch ebenfalls würfeln. Paprika und Tomaten zusammen mit Zwiebel, Knoblauch und Öl im Mixer pürieren und mit Essig, Salz, Pfeffer und Tabasco abschmecken. Vor dem Servieren kalt stellen.

Hühnerbrüstchen mit Pistaziensoße

8 Hühnerbrüstchen à 125 g
Salz, weißer Pfeffer
1/8 l Olivenöl
Saft von 1 Zitrone
8 Knoblauchzehen
1 Bund Zitronenmelisse
1 EL Semmelbrösel
50 g gemahlene grüne Pistazien

Die Hühnerbrustfilets von Fett und Haut befreien, salzen, pfeffern und nebeneinander auf eine Platte legen. Das Olivenöl mit dem Zitronensaft mischen. Den Knoblauch schälen und dazudrücken. Die Zitronenmelisse abbrausen, die Blättchen von drei Zweigen abzupfen, in feine Streifen schneiden und in die Marinade geben. Die Hühnerbrüstchen mit der Marinade übergießen und etwa 2 Stunden im Kühlschrank ziehen lassen. Die Hühnerbrüstchen herausnehmen und die Zitronenmelisse abstreifen. Die Semmelbrösel und die Pistazien unter die Marinade mischen und mit Salz und Pfeffer zu einer Soße abschmecken.
Die Hühnerbrüstchen in einer trockenen, beschichteten Pfanne beidseitig scharf anbraten und zugedeckt bei schwacher Hitze 8–10 Minuten ziehen lassen. Die Brüstchen in Scheiben schneiden und mit der Soße servieren.

dulcis

Provenzalisches Hähnchen-Ragout ▷

600 g Hähnchenbrustfilet
2 Zucchini
30 g Butterschmalz
1 TL Rosmarin
1 Lorbeerblatt
Salz
Pfeffer
3–4 Knoblauchzehen
2 Zwiebeln
100 ml Weißwein
1 große Dose geschälte Tomaten
100 g schwarze Oliven
2 EL gehackte Petersilie
1/2 TL Zucker
200 g gestiftelten Edamer

Hähnchenbrustfilet waschen, trockentupfen und in Scheiben schneiden. Zucchini waschen und in Scheiben schneiden. Butterschmalz in einem Bräter erhitzen, Hähnchenbrustscheiben mit Rosmarin und Lorbeerblatt kurz darin anbraten, Zucchinischeiben zugeben, Hitzezufuhr reduzieren, mit Salz und Pfeffer würzen. Zerdrückte Knoblauchzehen und fein gewürfelte Zwiebeln dazugeben und 5 Minuten dünsten. Mit Weißwein und Tomaten ablöschen, Oliven zugeben, aufkochen lassen und zugedeckt bei geringer Hitze 15 Minuten garen. Petersilie untermischen, mit Salz, Pfeffer und Zucker abschmecken. Kurz vor dem Servieren den Käse unterheben.

Olivenhähnchen

1 Brathähnchen
6 Frühlingszwiebeln
1/2 Knoblauchknolle
3 Möhren
20 g frischer Ingwer
4 EL Olivenöl
1 TL Rosenpaprika
Cayennepfeffer
Salz
200 g schwarze Oliven, entsteint

Das Hähnchen waschen, mit Küchenpapier trockentupfen und in acht Stücke teilen. Die Frühlingszwiebeln und den Knoblauch abziehen und grob hacken. Die Möhren putzen und in Scheiben schneiden. Den Ingwer schälen und fein hacken. In einem großen Topf das Öl erhitzen und die Hähnchenteile unter mehrmaligem Wenden darin goldbraun anbraten. Frühlingszwiebeln, Knoblauch, Möhren und Ingwer zufügen und 1 l Wasser angießen. Mit Rosenpaprika, Cayennepfeffer und Salz würzen und zum Kochen bringen. Bei kleiner Hitze zugedeckt 1 Stunde köcheln lassen. Die Oliven zu dem Huhn geben und im offenen Topf so lange weiter kochen lassen, bis sich die Soße reduziert und etwas eindickt.

Knusprige Ente „Basmati & Thai“ ▷

500 g Entenbrust
3 Knoblauchzehen
1 EL Honig
3 EL Sojasoße
Chilipulver
150 g (TK-)Erbsen
1 Bund Frühlingszwiebeln
400 g Chinakohl
2 EL Speiseöl
250 g Basmati & Thai-Reis
2 EL Erdnüsse
1 Glas Fix für Fleischpfanne „Chinesisch Szechuan“ (350 g)

Entenbrust waschen und trockentupfen. Die Fettschicht mehrmals diagonal einschneiden. Knoblauchzehen abziehen, zerdrücken und mit Honig, Sojasoße und wenig Chilipulver verrühren. Entenbrust damit einreiben und ca. eine Stunde marinieren. Erbsen auftauen. Frühlingszwiebeln und Chinakohl putzen, waschen, Frühlingszwiebeln in Ringe und Chinakohl in Streifen schneiden. Öl erhitzen und Entenbrust darin von jeder Seite ca. 3 Minuten braten. Herausnehmen, in Alufolie packen und im vorgeheizten Backofen bei 150 °C ca. 15 Minuten fertig garen. Reis nach Packungsanweisung zubereiten, Frühlingszwiebeln und Erdnüsse im verbliebenen Bratensatz anbraten. Chinakohl und Erbsen zugeben. Fix für Fleischpfanne „Chinesisch Szechuan“ unterrühren und ca. 5 Minuten zugedeckt garen. Entenbrust in feine Scheiben schneiden, mit Gemüse und Reis anrichten und nach Wunsch mit Frühlingszwiebelstreifen garniert servieren.

Geschmorte Entenleber

6 getrocknete Mu-err-Pilze
12 Entenlebern
1 TL Ingwer, gehackt
4 Knoblauchzehen, gehackt
1 EL Öl
400 ml Brühe
1/2 Glas Reiswein
1 EL Zucker
2 TL Salz
1/2 TL Glutamat
1 EL Kartoffelmehl

Die Pilze gründlich unter fließendem Wasser waschen und etwa 20 Minuten in lauwarmem Wasser einweichen. Die Entenlebern küchenfertig vorbereiten, waschen und in Scheibchen schneiden. In kochendem Wasser 10 Minuten garen, anschließend abtropfen lassen. Die Pilze feinstreifig schneiden und dabei harte oder faserige Stellen entfernen. Ingwer und Knoblauch im Wok in 1 EL Öl anrösten. Brühe, Reiswein, Zucker, Salz und Glutamat zufügen und umrühren. Entenlebern und Pilze in den Wok geben und alles köcheln lassen, bis die Soße eindickt.
Das Gericht mit dem in etwas Wasser aufgelösten Kartoffelmehl binden.

Marinierte Putenflügel gegrillt

4 Putenflügel (à ca. 350 g)
1 Zitrone, unbehandelt
1 kleine ganze Knoblauchknolle
1 Zweig Rosmarin
4 EL Rotwein
4 EL Öl
einige Lorbeerblätter
Salz
Pfeffer
schwarze Oliven zum Garnieren

Flügel waschen und trockentupfen. Zitrone waschen, trockenreiben und in Scheiben schneiden. Knoblauch halbieren. Rosmarin waschen und die Nadeln vom Stiel zupfen. Wein, Öl, Knoblauch, Zitronenscheiben, Lorbeerblätter und Putenflügel in einen großen Gefrierbeutel geben und fest verschließen.
24 Stunden darin marinieren, ab und zu wenden. Putenflügel herausnehmen, trockentupfen und 15 bis 20 Minuten grillen. Dabei die Flügel öfter wenden und mit der Marinade bestreichen. Mit Salz und Pfeffer würzen. Flügel mit dem Knoblauch, Zitronenscheiben, Rosmarin, Lorbeerblättern und Oliven in einer Schüssel anrichten und servieren.

Feine Geflügelterrine

750 g Putenfleisch
2 Eigelb
Salz
weißer Pfeffer
1 Msp. Cayennepfeffer
Saft von 1/2 Zitrone
6 Knoblauchzehen
350 g Mascarpone
1 Bund Basilikum
je 2 Bund Schnittlauch und Petersilie
4 kleine Hühnerbrustfilets
2 EL Butter

Das Putenfleisch in kleine Stücke schneiden und durch den Fleischwolf drehen. Die Eigelb mit Salz, Pfeffer, dem Cayennepfeffer und dem Zitronensaft in einer Schüssel gut verrühren. Den Knoblauch schälen und durch die Presse dazudrücken. Den Mascarpone esslöffelweise hinzufügen und dabei immer weiterrühren. Die Kräuter abbrausen. Die Petersilien- und Basilikumblätter abzupfen, alles fein hacken und mit dem Putenfleisch unter die Mascarponemasse rühren. Abschmecken und, falls nötig, nachwürzen. Den Backofen auf 180 °C vorheizen. Die Hühnerbrustfilets salzen und pfeffern. Die Hälfte der Butter in einer Pfanne heiß werden lassen. Die Filets rundum etwa 8 Minuten anbraten, dann etwas abkühlen lassen. Die Form einfetten und die Hälfte der Putenmasse einfüllen. Die Hühnerbrustfilets darauf legen und die restliche Masse darüber streichen. Die Form in die mit heißem Wasser gefüllte Fettpfanne stellen und auf der mittleren Schiene etwa 1 Stunde garen. Die Form sollte etwa zur Hälfte im Wasser stehen. Erkalten lassen und stürzen.

Putenrouladen „Manhattan“

▷

1/2 Pck. Langkorn-Reis & Wildreis (250 g)
2 Stangen Porree
3–4 Knoblauchzehen
100 g Erdnüsse, ungesalzen
2 EL Speiseöl
2 TL Honig
Salz, Pfeffer
4 dünne Putenrouladen
2 EL Margarine
300 ml Brühe

Reis nach Packungsanweisung zubereiten. In der Zwischenzeit Porree putzen, in Ringe schneiden und waschen. Knoblauchzehen abziehen und zerdrücken. Erdnüsse hacken. Öl in einer Pfanne erhitzen und den Porree darin ca. 5 Minuten braten. Erdnüsse und Knoblauch hinzufügen und mitbraten. Alles mit Honig, Salz und Pfeffer abschmecken. Putenrouladen waschen, trockentupfen und mit einem Teil der Porreepfanne füllen, den Rest warm stellen. Die Seiten einschlagen, aufrollen und mit Küchengarn zusammenbinden. Margarine in einem Topf erhitzen, Putenrouladen darin rundherum anbraten, Brühe angießen und bei milder Hitze im geschlossenen Topf ca. 15 Minuten schmoren. Küchengarn entfernen, Rouladen aufschneiden, mit Reis und dem restlichen Porree zusammen auf Tellern anrichten.

Gefüllte Putenschnitzel

1 Bund Petersilie
4 Knoblauchzehen
1 EL Olivenöl
150 g Mozzarella
Salz
frisch gemahlener Pfeffer
4 Putenschnitzel à etwa 130 g
2 EL Butterschmalz
1 Zitrone, unbehandelt

Die Petersilie hacken und in eine kleine Schüssel geben. Den Knoblauch schälen und durch die Presse dazudrücken. Das Olivenöl dazugießen und alles mischen. Den Mozzarella in 8 Scheiben schneiden, beidseitig salzen und pfeffern. Auf 4 Scheiben die Kräutermischung streichen und die restlichen 4 Scheiben darauf legen und das Fleisch darüber klappen, mit Zahnstochern feststecken. Das Butterschmalz in einer Pfanne heiß werden lassen und die Schnitzel auf jeder Seite etwa 5 Minuten anbraten, dann bei mittlerer Hitze in etwa 8 Minuten fertig garen. Die Zitrone längs vierteln und damit die fertigen gefüllten Putenschnitzel anrichten.
Dazu passt ofenwarmes Baguette oder Bratkartoffeln.

Truthahnoberkeule auf Linsen

▷

75 g geräucherter durchwachsener Speck
3–4 Knoblauchzehen
1 Zwiebel
300 g Porree
200 g Möhren
1 Bund Thymian
75 g getrocknete Tomaten in Öl, ersatzweise 3 EL Tomatenmark
75 g entsteinte Trockenpflaumen
75 g mild eingelegte Peperoni
1 Truthahnoberkeule (ca. 1,3 kg)
250 g getrocknete braune Linsen
3/4 l (Instant-)Gemüsebrühe
Salz
schwarzer Pfeffer aus der Mühle
1/8 l trockener Rotwein
2 EL Rotweinessig

Speck würfeln. Knoblauch und Zwiebel schälen und hacken. Porree putzen, waschen und in dicke Ringe schneiden. Möhren schälen und in Scheiben schneiden. Thymianblättchen von den Stielen streifen. Tomaten und Pflaumen in Streifen schneiden. Peperoni in Ringe schneiden.
Truthahnkeule waschen und trockentupfen. Speck in einem großen Bräter auslassen. Keule zuerst auf der Hautseite im Speckfett anbraten, dann wenden. Knoblauch und Zwiebeln zufügen, kurz mitbraten. Porree, Möhren, Tomaten, Pflaumen, Peperoni, Linsen und die Hälfte des Thymians dazugeben. Brühe angießen. Mit Salz und Pfeffer würzen. Im vorgeheizten Backofen bei 200 °C ca. 45 Minuten zugedeckt schmoren. Rotwein, Essig und restlichen Thymian zufügen und weitere 15 Minuten ohne Deckel braten und abschmecken.

Puten-Kalbsleber-Pfanne

500 g Putensteak
375 g Kalbsleber
1 Weinglas Wermut
150 ml Sahne
4–5 Knoblauchzehen
20 g Margarine
Salz
weißer Pfeffer
1 Bund Basilikum

Putenfleisch und Leber in große Würfel schneiden. Wermut und Sahne mischen. Knoblauchzehen pellen und in feine Scheibchen schneiden. Margarine in einer tiefen Pfanne sehr heiß werden lassen, zuerst die Putenwürfel von allen Seiten darin bräunen, Leberstücke zugeben und unter ständigem Wenden rasch garen, schließlich die Sahne-Wermut-Mischung nach und nach zugießen und bei großer Hitze etwas einkochen lassen. Knoblauch dazugeben, salzen und pfeffern und den Herd ausschalten. Grob geschnittene Basilikumblätter zugeben und maximal 1 Minute ziehen lassen.
Dann sofort servieren.

Truthahngratin

▷

400 g Truthahnoberkeulenfleisch
50 g Butterschmalz
500 g Kartoffeln
3 Frühlingszwiebeln
3–4 Knoblauchzehen
100 g Bergkäse
1/4 l Milch
1/8 l Sahne
Salz
Pfeffer

Das Fleisch von Häuten und Fett befreien, in 3 cm lange dünne Scheiben schneiden und kurz in 20 g Butterschmalz anbraten. Die geschälten Kartoffeln in feine Scheiben hobeln und die Frühlingszwiebeln in feine Ringe schneiden. Abwechselnd mit dem Fleisch in eine ausgefettete und mit gehacktem Knoblauch belegte Auflaufform einschichten. Auf jede Schicht Butterschmalzflöckchen und geriebenen Bergkäse geben. Milch und Sahne verquirlen, mit Salz und Pfeffer würzen und über das Gratin gießen. Im vorgeheizten Ofen bei 220 °C etwa 60 Minuten backen.

Huhn in Rotweinsoße

100 g Bacon, dünn geschnitten
30 g Butter
16 kleine Zwiebeln
3 Schalotten
250 g Champignons
1 Poularde
2 Lorbeerblätter
Thymian
4 Knoblauchzehen
2 gestr. EL Mehl
1/8 l (Instant-)Brühe
1/4 l Bordeaux

Die Speckscheiben nacheinander in einem Schmortopf in der Butter knusprig ausbraten. Die Scheiben jeweils herausnehmen und auf Küchenkrepp abtropfen lassen. Die geschälten Zwiebeln im Ganzen im Speckfett rundum goldbraun braten, herausnehmen und beiseite stellen. Die fein gehackten Schalotten ins Bratfett geben und goldgelb werden lassen. Die Champignons putzen, waschen und halbieren, kurz mit den Schalotten anschmoren. Pilze und Schalotten aus dem Topf nehmen. Die Poularde in 8 Teile schneiden und im Speckfett ringsum kräftig anbraten. Lorbeerblätter, Thymian und die in Scheiben geschnittenen Knoblauchzehen zum Fleisch geben und gut mit dem Bratensatz vermengen. Das Mehl überstäuben und gut durchschmoren, dabei die Fleischstücke auch wenden. Den Bratensatz zuerst mit der Brühe, dann mit dem Rotwein ablöschen. Alles gut miteinander verrühren. Die Zwiebeln, Champignons und Schalotten sowie den Speck in den Topf geben, mit der Soße vermengen. Den Topf zudecken und alles im vorgeheizten Ofen bei 225 °C etwa 30 Minuten garen, dann den Deckel abnehmen und das Fleisch weitere 15 Minuten bräunen lassen.

Orientalisches Hähnchen *(Abb. S. 195)*

100 g fein gehackte Zwiebeln
60 g Butter
1 Hähnchen mit Innereien
2 EL Pistazien
3–4 Knoblauchzehen, gepresst
200 g Langkornreis
2 EL Korinthen
1 EL Salz
schwarzer Pfeffer
1/2 l Wasser
1 Becher Jogurt

Zwiebeln in Butter glasig braten, sehr klein geschnittene Innereien, Pistazien und Knoblauch dazugeben und solange weiterbraten, bis die Innereien nicht mehr rosa sind. Reis, Korinthen, Salz und Pfeffer dazugeben, mit Wasser auffüllen und so lange bei niedriger Temperatur weiterdünsten, bis der Reis die Flüssigkeit aufgenommen hat. Das Hähnchen mit der Reismischung füllen und zunähen. Jogurt mit etwas Salz und Pfeffer verrühren und mit etwa der Hälfte das Hähnchen bepinseln.
Das Hähnchen mit der Brustseite nach oben in den auf 200 °C vorgeheizten Backofen schieben. Nach 15 Minuten auf 175 °C herunterschalten, mit dem restlichen Jogurt bestreichen und etwa 1 Stunde braten, nach etwa der Hälfte der Garzeit mit Alufolie abdecken. Auf eine vorgewärmte Platte legen, 5 Minuten ruhen lassen und tranchieren, übrige Reismischung zum Hähnchen servieren.

Abb. S. 219
Heilbuttsteak mit Käsehaube
(Rezept S. 222)

Fisch – Spezialitäten aus dem Meer

Festliches Fischmenü

▷

Feldsalat mit Hummerkrabben

200 g Feldsalat
1 TL Salz, 1 Zitrone
2 große Hummerkrabben (à 100 g)
100 g frische Champignons
1 Scheibe Toastbrot
2 Knoblauchzehen
2 EL Sahne
1/2 Becher Frischer Landrahm (ca. 75 g)

Feldsalat putzen, waschen und gut abtropfen lassen. Inzwischen 1 l Wasser mit Salz und dem Saft einer halben Zitrone zum Kochen bringen, die Hummerkrabben darin einige Minuten garen, anschließend herausnehmen, pulen, den Darm entfernen, in mundgerechte Stücke schneiden und mit etwas Zitronensaft beträufeln. Champignons putzen und in Scheiben schneiden. Brotscheibe toasten und in kleine Würfel schneiden. Feldsalat, Hummerstücke und Champignonscheiben auf vier Tellern anrichten und mit den Croûtons bestreuen. Knoblauchzehen durchpressen, mit 2 EL Sahne, etwas Zitrone und Landrahm verrühren und über den Salat geben.

Rahmsuppe mit Kräutern und Lachsstreifen

3/4 l Gemüsebrühe
150 g Frischer Landrahm mit Kräutern
2–3 EL frische, fein gehackte Kräuter (Petersilie, Schnittlauch, Kerbel, Dill)
2 EL Mehl
3 EL Weißwein
125 g Lachs
Salz, Pfeffer
2 Eigelb

Gemüsebrühe zum Kochen bringen. Landrahm zugeben und mit der Suppe verrühren. Kräuter zugeben und einige Minuten ziehen lassen. Mehl mit Wein und etwas Wasser verrühren und die Suppe damit binden, kurz aufkochen lassen. Den in Streifen geschnittenen Lachs zugeben und kurz gar ziehen lassen. Die Suppe mit Salz und Pfeffer abschmecken beiseite stellen. Die Eigelb verquirlen und unter die Suppe ziehen. Mit frischen Kräutern bestreuen.

Lachskotelett mit Kresse-Landrahm-Soße

200 g Reis mit Wildreis
100 g Zuckerschoten
Salz
4 Lachskoteletts à 200 g
30 g Butter
150 g Frischer Landrahm
3 EL Weißwein
2 Knoblauchzehen, zerdrückt
1/2 Beet Kresse
Pfeffer
Zitronensaft

Wildreis nach Packungsaufschrift zubereiten und die Zuckerschoten in etwas Salzwasser garen. Die Lachskoteletts abspülen, trockentupfen und in heißer Butter von beiden Seiten 3–4 Minuten braten. Den Landrahm in einen Topf geben und unter ständigem Rühren auflösen, Wein, Knoblauch und Kresse zugeben, kurz durchziehen lassen, eventuell mit etwas Pfeffer und Zitrone abschmecken. Die Lachskoteletts mit Wildreis und Zuckerschoten auf Tellern anrichten und mit der Soße servieren.

Gemüse-Fisch-Auflauf

▷

2 Fleischtomaten
1 EL (Instant-)Gemüsebrühe
2 kleine Zucchini
1 Zwiebel
1 Fenchelknolle
300 g Brokkoli
500 g Seelachsfilet
1 Mozzarella-Rolle (250 g)
Butter zum Ausfetten
Salz, Pfeffer
3 Knoblauchzehen
Petersilie

Fleischtomaten kurz überbrühen, häuten und das Fruchtfleisch in Spalten schneiden. Die Gemüsebrühe in 3/4 l kochendes Wasser einrühren. Das Gemüse putzen und waschen. Zucchini in Scheiben, Zwiebel in Ringe, Fenchel in Stücke schneiden, die Brokkoliröschen halbieren. Alles ca. 8 Minuten in der Gemüsebrühe kochen. Inzwischen das Seelachsfilet kalt abbrausen, trockentupfen und in mundgerechte Stücke schneiden. Gemüse mit einem Schöpflöffel aus der Brühe herausnehmen und abtropfen lassen. Die Seelachsstücke in die Brühe geben und 5–7 Minuten ziehen lassen, herausnehmen und abtropfen lassen. Den Mozzarella in Scheiben schneiden. Eine feuerfeste Form mit etwas Butter ausstreichen und mit dem Gemüse und dem Fisch füllen. Salzen und pfeffern und die fein gehackten Knoblauchzehen darüber verteilen.
Mit Mozzarella-Scheiben belegen und bei 200 °C im vorgeheizten Backofen überbacken, bis der Mozzarella schmilzt. Mit fein gehackter Petersilie bestreut servieren.

Heilbuttsteak mit Käsehaube *(Abb. S. 219)*

(für 1 Person)

200 ml Gemüsebrühe
1 Lorbeerblatt
150 g Heilbuttsteak
1 EL Frischkäse mit Buttermilch, kalorienreduziert
2 Knoblauchzehen
3 Zweige Thymian
1 EL geriebener Parmesan
200 g Zucchini
1 Tomate
1 Zwiebel
1 EL Olivenöl
1 TL Zitronensaft
Salz, Piment
3 Zweige Oregano

Brühe mit Lorbeerblatt aufkochen. Fisch hineingeben, 5 Minuten ziehen lassen (nicht kochen). Herausheben, in eine ofenfeste Form legen. Frischkäse mit zerdrückten Knoblauchzehen und Thymianblättchen verrühren. Auf den Fisch streichen. Mit Parmesan bestreuen. Etwa 10 Minuten unter dem Grill bräunen. Zucchini und Tomate in Scheiben schneiden. Zwiebel würfeln. Alles im Öl andünsten. Zitronensaft und Gewürze zugeben. Mit Oreganoblättchen bestreuen.

Seelachsfilet „Yucatán"

▷

4 Scheiben Seelachsfilet (à 150 g)
1 EL Zitronensaft
Salz
4 Frühlingszwiebeln
3–4 Knoblauchzehen
1 Glas scharfe Mexikanische Salsa
2 EL Sultaninen
100 g Mandeln, geschält
1 Orange, filetiert
1 EL Olivenöl

Fisch waschen, mit Zitronensaft beträufeln und nach 5 Minuten trockentupfen. Mit Salz bestreuen. Frühlingszwiebeln in feine Ringe schneiden, Knoblauch in feine Streifen schneiden. Salsa mit Zwiebeln, Knoblauch, Sultaninen, Mandeln und Orangenfilets vermengen. Fisch in eine geölte Backform geben, mit der Soße bedecken und im vorgeheizten Backofen bei 175 °C 25–30 Minuten backen.

Dorschfilets mit Oliven und Zucchini

800 g Dorschfilets
4 EL Zitronensaft
800 g Zucchini
24 schwarze Oliven
4 Knoblauchzehen
2 EL Kräuter der Provence
Salz
weißer Pfeffer

Die Fischfilets kurz kalt abspülen, mit Küchenpapier trockentupfen und beidseitig mit Zitronensaft beträufeln. Die Filets auf einem Teller übereinander schichten und 20 Minuten marinieren lassen. In der Zwischenzeit die gewaschenen Zucchini der Länge nach halbieren und in 1 cm breite Scheiben schneiden. Die Oliven kalt abspülen und die Knoblauchzehen fein hacken.
Vier Aluminiumfolien mit der Hälfte der Zucchinischeiben und den Oliven belegen, mit den Kräutern der Provence, dem Knoblauch, wenig Salz und frischem weißem Pfeffer würzen. Die Fischfilets auf das Gemüse legen, die restlichen Zucchini und Oliven zugeben und wie die erste Gemüseschicht würzen.
Die gut verschlossenen Folien auf ein Blech legen, in den auf 220 °C vorgeheizten Backofen einschieben und während 20–25 Minuten garen. Direkt in der Folie servieren.

Seezunge mit Tomaten und Mozzarella ▷

100 g Butter
800 g Seezungenfilet
3 Schalotten, fein gehackt
3 Knoblauchzehen
8 EL Semmelbrösel
2 EL Petersilie, fein gehackt
300 g Tomaten
1 Mozzarella-Rolle (250 g)
frisches Basilikum

Einen Teil der Butter in einer Pfanne erhitzen und die Seezungenfilets darin kurz anbraten. Eine Auflaufform mit Butter einfetten und die Filets hineinlegen. In der Pfanne nochmals Butter erhitzen und die gehackten Schalotten darin andünsten. Den Knoblauch dazupressen. Die Semmelbrösel und die Petersilie unter die Schalottenwürfel mischen. Die Bröselmischung über die Seezungenfilets geben. Die Tomaten waschen, trocknen und in Scheiben schneiden. Den Mozzarella ebenfalls in Scheiben schneiden und im Wechsel mit den Tomatenscheiben auf dem Fisch verteilen. Im Backofen bei 200 °C überbacken, bis der Mozzarella geschmolzen ist. Mit dem Basilikum garnieren. Dazu passt Reis oder Folienkartoffel und ein trockener italienischer Weißwein.

Seebarschragout

500 g Seebarschfilets
Salz
250 g Zwiebeln
300 g Sellerie
100 g Karotten
10 Knoblauchzehen
300 g Tomaten
300 g Kartoffeln
3–4 EL Olivenöl
200 ml Fischfond
1/2 TL Paprikapulver
1 Zitrone

Den Fisch unter kaltem Wasser abspülen, mit Salz bestreuen und abtropfen lassen. Zwiebeln, Sellerie und Karotten in Scheiben schneiden, Knoblauchzehen schälen. Die Tomaten überbrühen, häuten und entkernen, die Kartoffeln schälen und in Scheiben schneiden. Das Olivenöl erhitzen und Zwiebeln, Sellerie, Karotten und Knoblauch 3 Minuten darin braten. Dann Tomaten, Kartoffeln, Fischfond, Paprikapulver und eine Prise Salz zugeben, den Topf zudecken und die Mischung 10 Minuten köcheln lassen. Den Boden eines großen, flachen Topfes mit der Hälfte der Gemüsemischung bedecken, die Fischfilets darauf verteilen und mit der restlichen Gemüsemischung und der Flüssigkeit bedecken. Mit Zitronenscheiben belegen. Den Topf zudecken und 30 Minuten köcheln lassen, bis die Gemüse und der Fisch weich sind.
Mit Zitronensaft beträufeln und mit Petersilie bestreuen.

Paella „Buena Cosecha"

▷

600 g Fleischtomaten
2 rote Zwiebeln
3 Knoblauchzehen
250 g Schweinelende
250 g Seelachs
100 g Tintenfischringe
250 g Riesengarnelen
200 g Karotten
100 g Grüne Bohnen
100 g Staudensellerie
1 kleine rote Paprikaschote
8 EL Olivenöl
Safran
Paprikapulver
Salz, Pfeffer
200 g spanischer Rundkornreis
100 ml Brühe
1 Flasche Karottennektar (0,5 l)
1 Bund krause Petersilie
1 Zitrone

Den Backofen auf 200 °C vorheizen. Tomaten am Stielansatz kreuzweise einritzen, mit kochendem Wasser überbrühen, häuten, entkernen und grob hacken. Zwiebeln und Knoblauch abziehen und grob hacken. Schweinelende, Fisch, Tintenfischringe und Riesengarnelen getrennt waschen und trockentupfen. Schweinelende und Fisch in Würfel schneiden, Karotten, Bohnen, Staudensellerie und Paprika waschen, Karotten schälen und in Würfel, Bohnen, Sellerie und Paprika putzen und Sellerie in Scheiben und Paprika in Stücke schneiden. Olivenöl in einer Paellapfanne oder backofengeeigneten Pfanne erhitzen, Fleisch, Fisch, Tintenfischringe und Riesengarnelen getrennt anbraten und warm stellen. Im verbliebenen Bratfett Zwiebeln und Knoblauch glasig dünsten. Gemüse dazugeben. Safran und Paprikapulver unterrühren, mit Salz und Pfeffer kräftig würzen. Reis dazugeben, Brühe und Karottennektar angießen, alles ca. 25 Minuten köcheln lassen, bis der Reis fast alle Flüssigkeit aufgesogen hat. Fleisch- und Fischwürfel sowie Tintenfischringe und Riesengarnelen dekorativ auf dem Reis verteilen. Die Paellapfanne mit Alufolie abdecken und im vorgeheizten Backofen weitere 15 Minuten ziehen lassen. Petersilie waschen und hacken. Zitrone halbieren und auspressen. Paella mit Petersilie bestreuen und nach Wunsch mit Zitronensaft beträufeln.

Marinierte Spieße mit Mozzarella ▷

Für die Spieße:
8 Partytomaten
1/2 Salatgurke
1 Mozzarella-Rolle (250 g)
20 g Butter
4 Knoblauchzehen
8 Königscrevetten
1 gelbe Paprikaschote
1 kleine Avocado
Saft von 1/2 Zitrone

Für die Marinade:
1 rote Zwiebel
100 ml Olivenöl
Saft von 1 Zitrone
Salz, Pfeffer
3 EL gehackte, gemischte Kräuter (Petersilie, Majoran)

Partytomaten waschen und halbieren. Gurke und Mozzarella in fingerdicke Scheiben schneiden, Butter erhitzen und den fein gehackten Knoblauch darin andünsten. In der heißen Knoblauchbutter die Königscrevetten von jeder Seite 1 Minute braten. Paprika halbieren und in kleine Stücke schneiden, dabei die Kerne und die weißen Trennwände entfernen. Avocado halbieren, den Kern entfernen, schälen, in acht Spalten schneiden und sofort mit Zitronensaft beträufeln. Alle Zutaten abwechselnd auf 8 Spieße stecken.
Für die Marinade Zwiebel schälen und fein würfeln, mit Öl, Zitronensaft, Salz, Pfeffer und den Kräutern verrühren und über die Spieße träufeln. Die Spieße in der Marinade gut durchziehen lassen, dabei mehrmals wenden. Dazu passt frisches Weißbrot und ein trockener Weißwein.

Spanischer Fischtopf

1 kg Miesmuscheln
350 g Kabeljau
400 g TK-Tintenfische
16 TK-Scampi
2 Zwiebeln
5 EL Öl
1/4 l trockener Weißwein
300 g Tomaten
4–5 Knoblauchzehen
1 Bund Petersilie
Salz
frisch gemahlener Pfeffer
1 Lorbeerblatt
2 EL Zitronensaft

Die Muscheln gründlich waschen, geöffnete Schalen wegwerfen. Kabeljau in Stücke schneiden, Tintenfische und Scampi auftauen lassen. Tintenfische in Streifen schneiden. Die Zwiebeln fein hacken und im heißen Öl anbraten. Dann Fisch, Scampi und Muscheln kurz anbraten, Wein angießen. Gehäutete, gewürfelte Tomaten mit zerdrücktem Knoblauch, fein gehackter Petersilie, Salz, Pfeffer und Lorbeer zufügen und einige Minuten sieden. Bei schwacher Hitze gar ziehen lassen, mit Zitronensaft abschmecken und mit Weißbrot oder Reis servieren.

TIPP

Muscheln, die sich nach dem Garen nicht geöffnet haben, sollte man entfernen, sie könnten verdorben sein.

Schmetterlingsgarnelen

▷

3–4 Knoblauchzehen
100 g grüne und schwarze Oliven, in dünnen Scheiben
1 kleine Dose Ananasstückchen
1 Zwiebel, fein gehackt
5 EL Olivenöl
1 1/2 EL Honig
1 TL Limettensaft
1 Glas milde Mexikanische Salsa
16 rohe Garnelen, ohne Kopf, mit Schwanz
1 Limette

Gepressten Knoblauch, Olivenscheiben, Ananasstückchen und Zwiebel in 2 EL Olivenöl andünsten. Mit 1/2 EL Honig bräunen lassen und mit Limettensaft würzen. Salsa hinzufügen und gut verrühren. Garnelen waschen, am Bauchfaden einschneiden, säubern und dünn mit Honig bestreichen. Im restlichen Öl mit den Schnittflächen zuerst anbraten, bis sich der Schwanz nach oben dreht. Wenden und kurz weiterbraten. Garnelen auf die Soße setzen. Limette in dünne Scheiben schneiden. Scheiben zur Hälfte einschneiden und daraus Schleifen formen. Garnelen damit garnieren.

Krabbenauflauf

100 g Reis
Salz
500 g Fischfilet
Saft von 2 Zitronen
2 Möhren
1 Zwiebel
4 Knoblauchzehen
2 Tomaten
4 EL Öl
4 Eier
1 TL Rosenpaprikapulver
100 g Krabben
2 EL Semmelbrösel
3 EL Butter

Den Reis waschen und 10 Minuten lang in Salzwasser kochen, dann abgießen. Den Fisch in kleine Stücke schneiden, mit dem Zitronensaft beträufeln und beiseite stellen. Den Backofen auf 220 °C vorheizen. Die Möhren waschen und schaben und in dünne Scheiben schneiden. Die Zwiebel und die Knoblauchzehen schälen und in sehr feine Scheiben schneiden. Die Tomaten in kochendem Wasser kurz überbrühen, dann die Haut abziehen, die Stängelansätze entfernen und in kleine Stücke hacken. Das Öl in einer Pfanne erhitzen und die Möhren, die Zwiebel, die Knoblauchzehen und die Tomaten darin 5 Minuten dünsten. Anschließend die Tomatenmischung in eine gebutterte Auflaufform füllen. Den Reis darüber verteilen und anschließend den Fisch darauf legen. Die Eier mit Salz und dem Paprikapulver verrühren und über den Fisch gießen. Die Krabben darauf verteilen und das Ganze mit Semmelbröseln bestreuen. Die Butterflöckchen darauf setzen und im Ofen etwa 20 Minuten backen.

Schlemmer-Fischspieße

▷

250 g Rotbarschfilet
8 ausgelöste Riesenscampi
Salz, Pfeffer
1 rote Paprikaschote
1 Zucchini
4 Knoblauchzehen
8 EL Öl
1 EL Sojasoße
Kräuter der Provence

Rotbarschfilet in mundgerechte Stücke schneiden, die Scampi salzen und pfeffern. Paprikaschote und Zucchini putzen und waschen, Paprikaschote halbieren, Kerngehäuse entfernen, in mundgerechte Stücke und Zucchini in Scheiben schneiden. Alles abwechselnd auf Spieße stecken. Knoblauchzehen abziehen, zerdrücken, mit Öl, Sojasoße, Kräuter der Provence und Pfeffer verrühren und die Spieße damit einpinseln.

7 bis 10 Minuten grillen, dabei mehrmals wenden und mit der Ölmischung bepinseln.

Gambas mit verschiedenen Soßen

6 Knoblauchzehen
3 EL Olivenöl
24 Gambas

Die Knoblauchzehen in Scheiben schneiden. Das Olivenöl in der Pfanne erhitzen und den Knoblauch darin goldgelb anbraten. Die Gambas mit Schale in die Pfanne geben, bei schwacher Hitze von jeder Seite etwa 5 Minuten braten, bis die Schalen eine leicht rosa Farbe annehmen und das Fleisch fest wird.

Für die Knoblauchsoße:
1 Bund Petersilie
1 Knoblauchknolle
1 EL Zitronensaft
Salz, Pfeffer
6 EL Olivenöl

Die Petersilie und den Knoblauch fein hacken, mit dem Zitronensaft mischen und mit Salz und Pfeffer würzen. Das Öl dazugeben und gut durchziehen lassen.

Für die Paprikapaste:
1 kg rote Paprikaschoten
6 EL Öl
Salz
50 g Meerrettich, gerieben
6 EL Weinessig
Pfeffer aus der Mühle

Die Paprikaschoten halbieren, putzen, waschen und grob würfeln. Durch die grobe Scheibe des Fleischwolfs drehen und in einer Pfanne bei mittlerer Hitze so lange einkochen lassen, bis die Flüssigkeit vollständig verdampft ist. Dann das Öl zugeben und kräftig mit Salz, Meerrettich, Essig und Pfeffer würzen.

Rezeptregister

Bildnachweis

Für die freundliche Überlassung des Bildmaterials danken wir folgenden Firmen (in alphabetischer Reihenfolge):

BAARS/unisono, für die Seiten 103, 141, 189

Butaris, für die Seiten 159, 179, 181, 217

Edelmann:
Du darfst, für die Seiten 35, 43, 55, 57, 59, 161, 219

Gabriele Fiedler PR, Hamburg:
SURIG Essig-Essenz, für die Seiten 53, 193

GCI Ringpress, Frankfurt am Main:
Heidemark, für die Seite 215
Hochland, für die Seiten 87, 99, 111, 123, 133, 153, 163, 207
Leistungsgemeinschaft Deutscher Hähnchenerzeuger, für die Seiten 195, 197, 201, 203, 205

Herbert Wirths PR, Fischach:
3 Glocken, für die Seite: 145
Bad Heilbrunner, für die Seiten 97, 185
Grünland, für die Seiten 21, 29, 61, 83
Rotkäppchen, für die Seiten 23, 69, 71, 75, 105, 107, 221
Zottarella, für die Seiten 41, 45, 47, 65, 67, 81, 89, 93, 113, 117, 139, 143, 147, 173, 175, 177, 223, 227, 231

Integra Communication:
Vitaquell, für die Seiten 77, 95

Ketchum Public Relations, München:
Kikkoman, für die Seite 235
Thomy, für die Seite 91

Maggi Kochstudio, für die Seiten 37, 73, 119, 167

neuform-Kochstudio, Mainz, für die Seiten 17, 25, 31, 39, 129, 137

Peter Kölln, Köllnflockenwerke, für die Seiten 19, 101, 127, 131, 171

The Food Professionals, Sprockhövel:
Bonduelle, für die Seite 125
Fuchs-Gewürze, für die Seiten 26, 63, 157
Galbani, für die Seiten 49, 51, 191
Granini Gute Ernte, für die Seiten 33, 229
Langguth, für die Seiten 79, 85, 151
Löwensenf, für die Seiten 109, 115, 135
McCain, für die Seiten 121, 187, 199
Suzi-Wan, für die Seiten 149, 183
Uncle Ben's, für die Seiten 209, 213

Union Deutsche Lebensmittelwerke GmbH, Hamburg:
Biskin Öl, für die Seite 155
Olio Dante, für die Seite 169
Tio Sancho, für die Seiten 165, 225, 233

Silvestris Fotoservice: Seiten 9 (Daniel Bühler), 11 (Eva Lindenburger), 13 (Rudolf Scholz), 15 (Eva Lindenburger)

wpr communication:
VDP, für die Seiten 211

Bilder auf der Umschlagrückseite:
oben links: G. Fiedler PR, SURIG-Essig-Essenz;
oben rechts: Peter Kölln, Köllnflockenwerke;
unten links: Union Deutsche Lebensmittelwerke GmbH, Biskin Öl;
unten rechts: Ketchum Public Relations, München, Thomy.